Das große
Weihnachts-Bastelbuch

urania

Das große Weihnachts-Bastelbuch

Rückt das Jahresende näher, beginnt eine aufregende Zeit voller Freude auf das bevorstehende Weihnachtsfest. Neben Adventskranz und Weihnachtsplätzchen ist auch der Adventskalender zu einem – besonders für Kinder – unverzichtbaren Symbol für die Weihnachtszeit geworden. Er verkürzt die Zeit bis zum Heiligabend und bringt jeden Tag eine kleine Überraschung.
Voller Stolz basteln Kinder allein oder auch mit Hilfe der Eltern ihren eigenen Adventskalender, welcher dann von den Eltern gefüllt wird. In diesem Kapitel finden Sie Vorschläge für die verschiedensten lustigen und schön gestalteten Adventskalender. Die einfachen – selten etwas anspruchsvolleren – Ideen unter Verwendung der verschiedensten Materialien und Techniken sind kinderleicht nachzuarbeiten.

Vorlagenbogen

Für einige Modelle finden Sie auf dem Vorlagenbogen Zeichnungen der Grundformen zum Übertragen. Verwenden Sie dafür einfach einen Fotokopierer. Sollte Ihnen kein Fotokopiergerät zur Verfügung stehen, zeichnen Sie die Grundformen einfach mit einem Stift auf Transparent papier nach.

Silberstern

Material

1 Bogen Mikrowellkarton in Silber
24 Streichholzschachteln
Sternchenfolie oder Metallpapier in Silber
Lineal
Stift
Pinsel
Schere oder Cutter
Alleskleber

Der große Silberstern wird aus zwei Teilen zusammengesetzt. Die Sternvorlage vom Bogen kopieren und ausschneiden. Diese Form zweimal auf den Karton legen, rundherum mit einem Stift nachfahren und ausschneiden. Dazu kann auch ein Cutter verwendet werden.
Für die Verkleidung der 24 Schachteln 10 cm lange Stücke silberne Folie ausschneiden. Diese sollten etwas breiter als die Schachteln sein. Die Folien nun um die Kästchen legen und auf der Rückseite mit Klebstoff zusammenfügen. Die überstehenden Ränder werden abgeschnitten.
Je 12 Schachteln sternförmig auf den zwei großen Sternen anordnen und aufkleben. Zum Schluss beide Sterne versetzt gegeneinander kleben.
Jede Schachtel mit einem blauen oder pinkfarbenen Stern aus Metallfolie verzieren. Die Grundform bitte dem Vorlagenbogen entnehmen. Mit der Spitze eines Pinselstiels Nummern auf den Sternen einprägen. Die Sterne auf die Schachteln kleben.
Den fertigen Silberstern nun mit einem Band aufhängen, sodass beide Seiten sichtbar sind.

Engel

Material
8 Bogen Karton DIN A4 in Weiß
24 kleine runde Tortendeckchen
24 Wattekugeln, ø ca. 25 cm
Bouillondraht in Gold
Stift
Schere
Alleskleber
Dekorlack in Gold
Konturenfarbe für Glasmalerei
Sternchenfolie
eventuell Streichhölzer

Die Grundform eines Engels besteht aus einem Kleid, das aus einer halbrunden Grundform entsteht.
Dazu die Vorlage vom Bogen kopieren und ausschneiden. Diese Schablone auf den weißen Karton legen, die Konturen nachzeichnen und dann ausschneiden. Die Form an den geraden Seiten anfassen, zu einem Kegel nach hinten biegen und die Geraden etwas überlappend zusammenkleben.
Für die Flügel ein Tortendeckchen in der Mitte falten, die Form vom Musterbogen übertragen, an den Falz anlegen und an der Kontur entlang ausschneiden. Die Flügel mit etwas Klebstoff hinten am Kleid fixieren.
Der Kopf besteht aus einer Wattekugel, die mit Dekorlack in Gold bemalt wird. Das Bemalen wird einfacher, wenn Sie die Kugel auf ein Streichholz stecken. Oben auf die Wattekugel lustige Lockenhaare aus Draht kleben.
Zum Schluss den fertigen Goldkopf auf den Spitzenkragen setzen. Dazu die Spitzen etwas nach außen biegen. Mit goldener Konturenfarbe Zahlen, Pünktchen und Linien auf das Kleid malen.
Der Weihnachtsengel vom 24. Dezember erhält noch einen großen goldenen Stern aus Sternchenfolie, der von hinten an den Kopf geklebt wird. Nun können die Eltern unter jedem Rock ein kleines Geschenk verstecken.

20
23
24
22
7
8
1
2
3

Silberne Kronen

Material

13 Papprollen
Dekorlack in Silber
runde selbstklebende Sticker
1 Schaschlikstab
1 große Sternenpaillette
Schere
Pinsel
Für die kleinen Geschenke:
Reste von verschiedenfarbigem Seidenpapier
dünne Silberkordel

23 Papprollen in ca. 5 cm große Stücke schneiden. Die Adventskrone für den 24. Dezember ist 10 cm groß. An der geschnittenen Seite werden nun unregelmäßig rundherum Zacken herausgeschnitten. Die kleinen Kronen mit silbernem Dekorlack bemalen – wer Lust hat auch innen. Zur Kennzeichnung erhalten die Kronen jeweils einen runden Sticker.

Hübsch sehen verschiedene Farben aus, die sich dann beim Einpacken der Süßigkeiten oder anderen Überraschungen in passend buntem Seidenpapier wiederholen können. Aber auch einfarbige Sticker und buntes Geschenkpapier sind sehr dekorativ. Dazu ca. 20 x 20 cm große Papiere um das Geschenk legen, oben zusammendrehen und eine dünne Kordel oder Geschenkband zur Schleife binden. In die Kronen stecken und arrangieren.

Die Adventskrone für den 24. Dezember fällt nicht nur durch ihre Größe auf, sondern auch durch einen Stern, der (mit Klebeband) an einem Stab befestigt und in die Rolle gesteckt wird.

Tipp:
Schon im Herbst mit dem Sammeln der Papprollen (Toiletten- oder Küchenpapier) beginnen, damit für den Adventskalender genügend zur Verfügung stehen.

Weihnachtsdorf

Material

2 Bogen Fotokarton oder Tonpapier in Rot
Goldene Konturenfarbe für Glasmalerei
Watte
1 Stück pinkfarbenes Tonpapier
1 Stück goldene Metallfolie
Alleskleber
Lineal, Winkel
Stift, Pinsel
Schere
Tannenzapfen
Plakafarbe in Grün
etwas Puderzucker

Zur Herstellung der Häuser die Vorlage vom Bogen kopieren und ausschneiden. Diese Schablone auf das rote Papier legen, die Konturen mit einem Stift übertragen und ausschneiden.
Die senkrechten und die waagerechten Linien falzen. Dazu entweder das Papier an der Linie über eine Tischkante knicken oder unter Anleitung eines Erwachsenen leicht mit einem Cutter anritzen. Nun das gefalzte Haus zusammenfügen, indem die Lasche von innen an die angrenzende Hauswand geklebt wird. Das Dach in der Mitte oben zusammenfügen. Dabei die Spitzen etwas senkrecht biegen. In den entstandenen Schornstein etwas Watte kleben. So wird das Dach geschlossen und aus dem Schornstein steigt weißer Rauch auf. Das Dach noch mit lustigen Punkten schmücken und eine Hausseite mit einer Nummer versehen. Dazu die Linien und Pünktchen direkt aus der Tube mit Konturenfarbe auftragen, wobei alles locker und nicht unbedingt gleichmäßig aussehen muss.
Das Haus für den 24. Dezember in Pink ist größer und wird mit einer goldenen Sternschnuppe (Grundform auf dem Vorlagenbogen) aus Metallfolie dekoriert.
Die Häuser auf einem Tisch oder einer Fensterbank auf künstlichen Schnee oder Watte als kleines Dorf zusammenstellen. Dazwischen Tannenzapfen, die mit Plakafarbe grün angemalt werden, arrangieren und eventuell mit etwas Schnee (Puderzucker) bestreuen.
Nun müssen noch – und das ist ja das Wichtigste – die Adventsgeschenke unter jedem Häuschen versteckt werden.

Weihnachtspost

Material

Reste von Metallfolie, Sternchenfolie, Geschenkpapier
etwas Karton
Lineal, Winkel
Bleistift
Schere oder Cutter
bunte Büroklammern
4 m Buntkordel
Sterne
Holzstreuteile oder Pailletten
Dekorlack in Gold
Pinsel
Alleskleber

Für diesen Kalender werden 24 Papierquadrate benötigt, welche aus verschiedenfarbigen und gemusterten Papierresten hergestellt werden können.

So wird ein Briefchen gefaltet: Das Quadrat einmal in der Mitte quer falten, wobei die Oberseite des Papiers nach unten liegt (Abb. 1).
Das Papier öffnen, um 90° drehen und die andere Seite quer falten (Abb. 2).
Die Form wieder öffnen (Abb. 3).

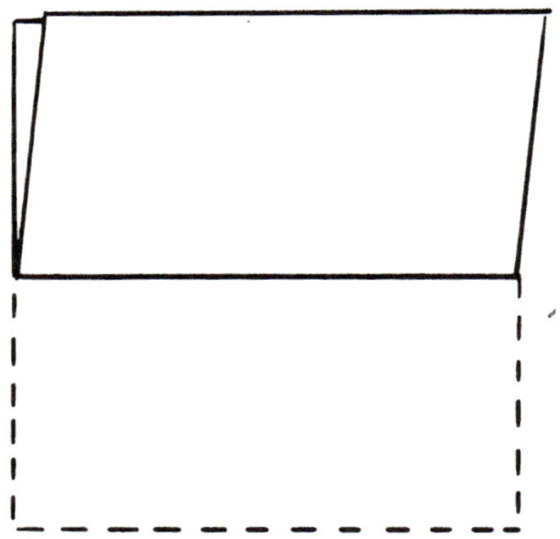

Abb. 1

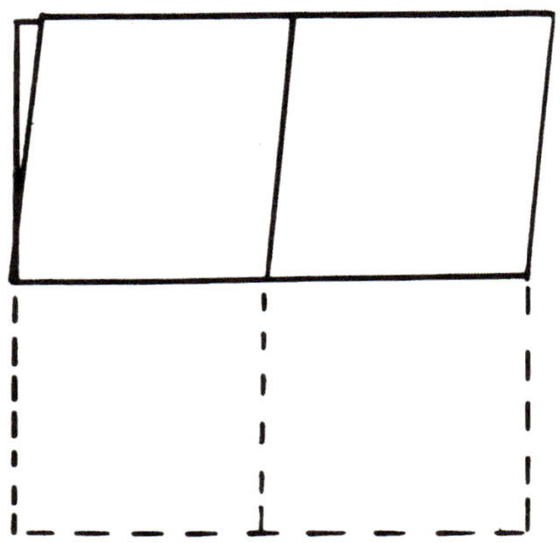

Abb. 2

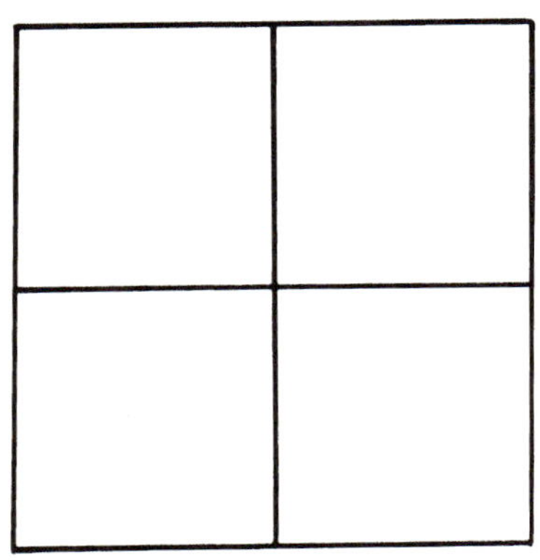

Abb. 3

Jetzt werden alle vier Ecken zur Mitte hin gefaltet. Die Kanten mit dem Fingernagel etwas flach streichen und fertig ist der Umschlag (Abb. 4).

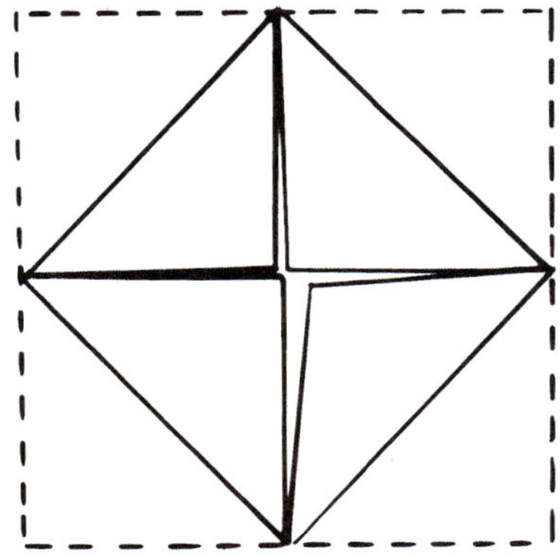

Abb. 4

Gefüllt werden die Umschläge mit kleinen Karten oder Briefen, welche kurze Nachrichten wie z. B. Gedichte, Zeichnungen, einige liebe Worte u. Ä. enthalten. Verschlossen werden die Briefchen mit goldenen Sternchen, mit Gold bemalten Holzstreuteilen oder glitzernden Pailletten, welche wie ein Siegel aufgeklebt werden.
Die Briefchen mit bunten Büroklammern farblich abwechselnd auf eine Buntkordel aufreihen.
Vorschlag: je sechs Briefchen in vier Reihen auf eine Weihnachts-Pinnwand heften.

Tipp:
Auf Karton mit Lineal, Winkel und Bleistift ein 12 x 12 cm großes Quadrat zeichnen und gerade ausschneiden. Dieses Kartonquadrat dann jeweils auf das gewählte Papier legen und um die Konturen herum, am besten mit einem Cutter oder einer Schere, ausschneiden.

Neue kreative Techniken und ein großes Angebot an Bastelmaterialien bieten unzählige Möglichkeiten, Kerzen auf einfache Weise selbst herzustellen und reizvoll zu dekorieren. Mit Verzierwachs, Kerzenstiften, Wachsmalfolien oder auch mit Serviettentechnik können Sie aus schlichten Kerzen wunderschöne kleine Kunstwerke kreieren. Selbst gemachte Kerzen verschönern das Heim und eignen sich wunderbar zum Verschenken.

Material

Grundausstattung zum Kerzengießen:

Wachsschmelzgerät
Thermometer
Wachspastillen
Wachsfarbpigment
Docht
Gießformen
Holzstäbchen (z.B. Schaschlikspieße)
Zeitungspapier

Wachse

Wachspastillen aus Paraffin sind am gebräuchlichsten und außerdem preiswert. Paraffin schmilzt bereits bei 54° C und ist nach dem Aushärten leicht transparent. Stearin ist ein Naturmaterial und verleiht Kerzen eine milchig kristalline Struktur; es ist als Granulat erhältlich. Wird es dem Paraffin beigemischt, verbessert sich die Brenneigenschaft sowie die Brenndauer der Kerze. Bei Stearin liegt der Schmelzpunkt bei 74° C.
Bienenwachs, ebenfalls ein reines Naturprodukt, besitzt eine hohe Brenndauer und duftet beim Abbrennen sehr angenehm. Dieser Rohstoff ist in Form von Pastillen oder Platten erhältlich, jedoch etwas teurer in der Anschaffung und aufgrund seiner Zusammensetzung schwerer zu verarbeiten. Im Gegensatz zu Paraffin und Stearin klebt es aufgrund seiner zähflüssigen Konsistenz schneller in der Gießform fest. Es schmilzt bei 65° C.

Dochte

Handelsübliche Dochte bestehen aus geflochtener Baumwolle und werden als Rund- oder Flachdochte gewachst oder ungewachst angeboten. Sie sind in verschiedenen Stärken erhältlich. Die Stärke des Dochtes sollte immer auf die Größe der Kerze abgestimmt werden, da ein zu dünner Docht die Kerze beim Abbrennen schnell aushöhlt und ein zu dicker Docht kleine Kerzen schneller abbrennen lässt und zu unangenehmer Rußbildung führt.

Gießformen

Die im Hobby-Fachgeschäft erhältlichen Gießformen werden aus hitzebeständigem Kunststoff hergestellt. Sie sind konisch geformt, daher lassen sich die gegossenen Kerzen nach dem Erkalten leicht wieder herausnehmen. Es werden zahlreiche Formen angeboten, z. B. Sterne, Rosetten und Teelichter.
Naturgetreue Formen wie z. B. Obst oder Seesterne können aus Latex selbst hergestellt werden. Hierfür wird Latexmilch mit dem Pinsel auf das nachzubildende Objekt aufgetragen. Nach wenigen Stunden ist die Milch ausgehärtet und die Form kann abgelöst werden. Sie lässt sich mehrere Male verwenden; für eine bessere Haltbarkeit die

Latexform nach der Benutzung mit Wasser reinigen und danach mit Talkum bestäuben.
Auch Terrakottatöpfe, Metalldosen oder Ausstechformen eignen sich gut als Gießformen. Bei einem Streifzug durch Ihren Haushalt werden Sie sicherlich auf viele weitere Gefäße stoßen, die Sie zum Gießen gut „zweckentfremden“ können.

Wachsfarben

Zum Einfärben von Kerzen wird Wachsfarbpigment in Form von Stäbchen, Granulat oder Tabletten verwendet. Die Farben sind jeweils untereinander mischbar. Wenn Sie das eingefärbte Wachs in noch flüssigem Zustand testen möchten, geben Sie etwas Wachs auf ein weißes Stück Pappe. Nach dem Erstarren lässt sich die Wachsfarbe gut erkennen.

Verzierungen

Feine Verzierungen werden mit Kerzenstiften aufgebracht. Diese Stifte bestehen aus Flüssigwachs und müssen nach dem Auftragen 24 Stunden trocknen.
Für großflächigere Dekorationen eignen sich am besten Verzierwachsplatten. Sie sind in zahlreichen Farben und unterschiedlichen Texturen erhältlich. Die gewünschten Formen werden mit dem Bastelmesser aus dem Material ausgeschnitten und mit Klebewachs auf der Kerze befestigt. Auch Blüten und andere plastische Figuren können aus den Wachsplatten modelliert werden.
Schlichte Verzierstreifen aus Wachs und Wachsborten mit verschiedenen Motiven werden meist in Gold oder Silber angeboten. Diese Zierelemente sind selbstklebend und werden durch leichtes Andrücken auf der Kerze angebracht.
Farbige Wachsschnüre sind ebenfalls selbstklebend. Sie können beliebig geformt und dann um die Kerze gewickelt werden. Am besten lassen sie sich nach Lagerung bei Zimmertemperatur verarbeiten, werden aber auch durch kurzes Erwärmen mit den Händen geschmeidig.

Allgemeine Sicherheitshinweise

Decken Sie Ihren Arbeitsplatz großzügig mit Zeitungspapier ab, bevor Sie mit dem Kerzengießen beginnen; so wird die Unterlage vor Wachstropfen geschützt.
Wenn Sie kein Wachsschmelzgerät besitzen, können Sie die Paraffinpastillen auch in eine saubere Blechdose füllen und im Wasserbad erhitzen. Prüfen Sie dabei die Temperatur immer wieder mit einem Thermometer, da sich das Wachs bei zu großer Hitze selbst entzünden kann (siehe Herstellerhinweise). Entfernen Sie vor dem Wachsschmelzen alle brennbaren Stoffe von Ihrem Arbeitsplatz.
Lassen Sie das Wachs nie unbeaufsichtigt auf dem warmen Herd stehen.
Entsorgen Sie überschüssiges Wachs in leere Blechdosen, gießen Sie es niemals in den Ausguss.

Stumpenkerzen mit edlen Schriftzügen

Material

Stumpenkerzen cremeweiß
Wachsmalfolie silberfarben
Kreppband, Bleistift
Kerzenschutzlack

Tipp:
Mit Gedichten oder Glückwünschen zaubern Sie schnell eine reizvolle Geschenkidee zum festlichen Anlass.

Schlichte Stumpenkerzen erhalten mit dieser einfachen Dekorationsidee ein edles Aussehen. Legen Sie ein Blatt silberfarbene Wachsmalfolie faltenfrei um die Kerze (die glänzende Oberfläche ist nach außen gerichtet) und kleben Sie die Folie mit Kreppband fest. Nun mit einem stumpfen Bleistift einen Spruch oder eine Fantasieschrift auf die Folie aufbringen. Üben Sie dabei mit dem Bleistift leichten Druck aus, sodass die Farbe der Wachsmalfolie auf die Kerzenoberfläche übertragen wird. Nach dem Entfernen der Folie ist ein edler Schriftzug zu sehen. Zuletzt die Oberfläche der Kerze mit Kerzenschutzlack versiegeln.

Festliche Kugelkerzen

■ Material

Kugelkerzen weiß, silberfarben
Kerzenmalmedium
Glitter silberfarben, weiß fluoreszierend
flacher Teller, Pinsel
kleine Glasperlen
metallgefasste Strasse
Klebewachs

Diese glänzenden Kerzen passen wunderbar auf einen festlich gedeckten Tisch.
Für die silberne Kerze etwas Kerzenmalmedium und silberfarbenen Glitter auf einen flachen Teller geben und beides gut mit dem Pinsel verrühren. Die Kerze gleichmäßig damit bestreichen. In den noch feuchten Lack die Glasperlen aufstreuen.
Für die weiße Kerze weiß irisierenden Glitter mit Kerzenmalmedium verrühren. Das Ganze gleichmäßig auf die Kerze auftragen und gut trocknen lassen. Danach die Strasse in gleichmäßigen Abständen mit Klebewachs auf der Kerze befestigen.

Marokkanische Kerzen

■ Material

Stumpenkerzen hellblau, silberfarben
Kerzenmalmedium
Acrylfarbe fliederfarben, pink
flacher Teller, Pinsel
Wachsborte Zickzackmuster gold
Wachsborte Rankenmotiv gold
Verzierwachsplatte gold
Bleistift
Bastelmesser
runder Verzierstreifen gold
Klebewachs

Man nehme Stumpenkerzen, etwas Farbe und goldene Zierwachsborten und schon entstehen orientalisch anmutende Glanzlichter.
Geben Sie für die hellblaue Kerze Kerzenmalmedium und pinkfarbene Acrylfarbe zu gleichen Teilen auf einen flachen Teller und vermischen Sie beides gut mit dem Pinsel. Für die silberne Kerze wird das Kerzenmalmedium mit derselben Menge fliederfarbener Acrylfarbe verrührt. Entlang dem oberen Rand der Kerzen einen ca. 5 cm breiten Streifen in der jeweiligen Farbe aufmalen und gut trocknen lassen. Anschließend den oberen und den unteren Rand des bemalten Abschnitts jeweils mit goldener Zickzackborte verzieren; die Borte wird dabei leicht angedrückt. Die Wachsborte mit dem Rankenmotiv mittig auf die bemalte Fläche auflegen und vorsichtig festdrücken.

Für die „Goldstücke" am besten eine Vorlage verwenden, z. B. ein 1-Cent-Stück. Das Geldstück auf die Verzierwachsplatte legen, mit einem Bleistift umfahren und den Kreis mit dem Bastelmesser ausschneiden. Danach wird das Goldstück mit einem runden Verzierstreifen eingefasst, wobei der Streifen mit einem spitzen Gegenstand, z. B. einem Bleistift, jeweils im Abstand von 3 mm leicht eingedrückt wird. Zum Schluss die Goldstücke mit Klebewachs auf der Kerze befestigen.

Indische Kerzen

Material
Stumpenkerzen weiß
Kerzenmalmedium
Acrylfarbe gelb, pink, rot, türkis, fliederfarben, orange
flacher Teller, Pinsel
runder Verzierstreifen gold
Wachsmalfolie gold
Schere
Kreppband
Bleistift
Kerzenschutzlack

In einer Gruppe kombiniert und in verschiedenen Farben gestaltet, verbreiten diese Kerzen eine exotische Atmosphäre.
Geben Sie Kerzenmalmedium und die gewünschte Acrylfarbe zu gleichen Teilen auf einen flachen Teller und vermischen Sie beides gut mit dem Pinsel. Die eine Hälfte der Kerze damit bestreichen und trocknen lassen. Dann die zweite Farbe mit derselben Menge Kerzenmalmedium vermischen und die andere Hälfte der Kerze damit bemalen. Sobald die Farbe getrocknet ist, über die Anstoßkante der beiden Farben einen goldfarbenen Verzierstreifen legen. Die Enden des Streifens vorsichtig ineinander drücken.
Anschließend die Wachsmalfolie mit einer Schere in zwei schmale Streifen schneiden und diese mit der glänzenden Seite nach außen jeweils um die obere und untere Hälfte der Kerze legen. Die Folie mit Kreppband festkleben. Nun mit einem stumpfen Bleistift ein Muster auf die Folie aufbringen. Üben Sie dabei mit dem Bleistift leichten Druck aus, sodass die Farbe der Wachsmalfolie auf die Kerzenoberfläche übertragen wird. Die Folie abnehmen und die Oberfläche der Kerze mit Kerzenschutzlack versiegeln.

Schneekerzen

Material

Gießformen Sterne, Rosetten
ungewachster Docht
Nadel, Holzstäbchen
Wachsschmelzgerät
Wachsmischung aus 80% Paraffin und 20% Stearin
Schüssel
Schneebesen

Diese winterlich anmutenden Schwimmkerzen werden aus geschlagenem Wachs hergestellt. Befestigen Sie die Dochte zunächst in den einzelnen Formen. Dazu mit einer Nadel in die Mitte des Formbodens ein Loch einstechen. Das Loch sollte nicht zu groß sein, da das Wachs sonst auslaufen könnte. Das eine Ende des Dochtes mit der Nadel durch das Loch ziehen, das andere Ende um ein Holzstäbchen wickeln und dieses quer über den Rand der Form legen.
Anschließend die Wachsmischung in das Wachsschmelzgerät geben und erhitzen. Das geschmolzene Wachs in eine Schüssel gießen. Sobald sich auf der Oberfläche eine Haut bildet, schlagen Sie das Wachs mit einem Schneebesen, als würden Sie Eiweiß zu Schaum schlagen. Je länger Sie das Wachs schlagen, desto schaumiger wird die Masse. Das Wachs in die Gießform füllen. Danach werden die in der Schüssel verbliebenen Wachsreste mit dem Schneebesen herausgeschabt und auf die Kerzen verteilt; die so entstehende unregelmäßige Kerzenoberfläche ähnelt frisch gefallenem Schnee. Das Wachs aushärten lassen und mitsamt der Form einige Minuten lang in warmes Wasser legen. Zuletzt den Docht auf die erforderliche Länge kürzen.

Tipp:
Angeordnet in einer silbernen Schale mit Wasser, Glitter und Metallfoliensternen sind die Schneekerzen eine hübsche weihnachtliche Dekoration.

Bienenwachskerzen mit Gewürzen

Material

Bienenwachsplatten
Lineal
Bastelmesser
ungewachster Docht
Schere
Teller
Zimtstangen
Nelken
Wacholderbeeren

Eine gerollte Kerze aus Bienenwachsplatten verbreitet einen angenehmen Duft und eine weihnachtliche Stimmung. Die Bienenwachsplatten mit dem Bastelmesser der Länge nach in 7 cm breite Streifen schneiden. Jeweils einen Docht mit der schmalen Kante eines Streifens einschlagen und diesen zu einer dicken Kerze rollen. Dann den Docht mit einer Schere auf die erforderliche Länge kürzen. Vier Bienenwachskerzen zusammenstellen und mit einem weiteren Bienenwachsstreifen umwickeln. Auf einem Teller mit den Gewürzen arrangieren.

Kerzen im vergoldeten Terrakottatopf

Material
Terrakottatöpfe
Klarlack
Pinsel
Anlegemilch
Blattmetall gold
weiches Tuch
Wachsschmelzgerät
Bienenwachspastillen
ungewachster Docht
Holzstäbchen
Zimtstangen, Nelken, Sternanis
Schere

Den Terrakottatopf zunächst mit Klarlack versiegeln. Nach dem Trocknen des Lacks die Anlegemilch mit dem Pinsel dünn und gleichmäßig auf den Topf auftragen und ca. 15 Minuten trocknen lassen. Das Blattmetall mit einem trockenen Pinsel aufbringen; die Überstände können am Ende mit einem weichen Tuch entfernt werden. Dann die Oberfläche nochmals mit Klarlack bestreichen.

Die Bienenwachspastillen in das Wachsschmelzgerät geben und bei 65° C schmelzen lassen. Das eine Ende des Dochtes durch das Loch im Topfboden ziehen, das andere Ende um ein Holzstäbchen wickeln und dieses quer über den Topfrand legen. Auf dem Boden des Topfes Zimtstangen, Nelken und Sternanis verteilen und das Bienenwachs langsam einfüllen. Um ein Einfallen der Oberfläche zu vermeiden, sollte das Wachs in mehreren Arbeitsschritten eingegossen werden. Jede Wachsschicht zunächst abkühlen lassen, anschließend die Gewürze am Rand des Topfes anordnen und eine weitere Schicht einfüllen. Ist der Topf vollständig gefüllt, den Docht mit der Schere auf die erforderliche Länge kürzen.

Tannenbaumkerzen

Material

Knetmasse
leere Flasche
Ausstechform Tanne
ungewachster Docht
Schere
Wachsschmelzgerät
Paraffinpastillen
Farbpigmentstäbchen grün
Kerzenstift weiß, rot

Mit Ausstechförmchen lassen sich wunderschöne Kerzen für die Weihnachtszeit zaubern.
Geben Sie etwas Knetmasse auf eine glatte Unterlage und rollen Sie sie mit einer leeren Flasche ca. 1,5 cm dick aus. Die Tannenform in die Knetmasse drücken. Der Docht wird der Länge nach mittig in die Form gelegt; er sollte einige Zentimeter über die Tannenspitze hinausragen.
Die Paraffinpastillen zusammen mit dem Farbpigmentstäbchen in das Wachsschmelzgerät geben. Vor dem Eingießen in die Form sollte das Wachs auf 75 ° C abkühlen, dazu die Temperatur mit einem Thermometer kontrollieren. Das flüssige Wachs in die Form füllen und erkalten lassen. Dann die Form von der Unterlage nehmen und die Knetmasse entfernen. Auf der Rückseite ebenfalls Wachs in die Form füllen und aushärten lassen. Anschließend mit dem weißen Kerzenstift Punkte auf die Tanne setzen und diese nach dem Trocknen zusätzlich mit rotem Kerzenstift betonen.

Weihnachtsengel

Material

Stumpenkerzen weiß mit abgerundetem Ende
Kerzenmalmedium
Acrylfarbe weiß, hautfarben, pink, fliederfarben
flacher Teller, Pinsel
Schwämmchen
Filzstift rot, schwarz
Fotokarton
Bleistift
Verzierwachsplatte gold
Bastelmesser
Klebewachs

Geben Sie Acrylfarbe in Flieder oder Pink und Kerzenmalmedium zu gleichen Teilen auf einen flachen Teller und vermischen Sie beides gut mit dem Pinsel. Die ganze Kerze damit bestreichen und trocknen lassen. Anschließend weiße Acrylfarbe mit derselben Menge Kerzenmalmedium vermischen und die Haare und die Hals- und Saumkonturen damit aufmalen.

Sobald die Farbe getrocknet ist, hautfarbene Acrylfarbe mit Kerzenmalmedium vermischen, mit einem Schwämmchen aufnehmen und das Gesicht damit auftupfen.

Nase, Mund und Augen mit Filzstift aufmalen. Die Flügel, das Herz und die Sterne zunächst auf Fotokarton aufzeichnen und mit der Schere oder dem Bastelmesser ausschneiden. Dann die Formen mit Bleistift auf das Verzierwachs übertragen und alle Teile mit dem Bastelmesser ausschneiden. Die Ränder mit den Fingern abrunden und die Verzierungen mit Klebewachs auf den Kerzenengeln befestigen.

Was wäre die Adventszeit ohne einen hübschen Adventskranz oder ein festliches Gesteck! Der Duft von Tannengrün und Kerzenwachs stimmt uns ein auf das bevorstehende Weihnachtsfest und schafft eine friedvolle Atmosphäre.
Sie müssen keine besonderen handwerklichen Fähigkeiten besitzen, um selbst solch ein apartes kleines Kunstwerk für die Vorweihnachtszeit zu zaubern. Werden Sie kreativ tätig und erschaffen Sie mit frischen Naturmaterialien, dekorativen Accessoires, glänzenden Bändern und bunten Kugeln Ihre ganz besondere, individuelle Adventsdekoration.
Die Modelle verbinden weihnachtliche Tradition mit neuen Trends. So wird z. B. bei einigen der vorgestellten Kränze und Gestecke nicht nur eine Kerze für jeden Adventssonntag angezündet, sondern zwei oder sogar eine ganze Kerzengruppe.

Material & Werkzeug

Gartenschere:
Zum Zerkleinern von Ästen, Zweigen und holzigen Stielen benötigen Sie eine stabile Gartenschere. Verwenden Sie diese Schere jedoch niemals zum Schneiden von Draht. Jeder Draht beschädigt die Schneide und lässt sie stumpf werden.

Kombizange:
Draht wird mit einer Kombizange auf die erforderliche Länge gekürzt. Auch der in diesem Buch häufig verwendete dicke Steckdraht kann gut mit der Kombizange zugeschnitten werden. Drahtenden können mit der Zange zu Schlaufen gebogen oder zusammengedreht werden.

Allzweckschere:
Bänder sollten in der Regel mit einer robusten Allzweckschere zugeschnitten werden. Stoffscheren sollten dafür nicht verwendet werden, da in vielen Bändern Drahtkanten eingearbeitet oder Metallfäden eingewoben sind. Ebenso wie Papier und Kunststoff macht Metall Scheren schnell stumpf. Satinbänder lassen sich allerdings nur mit scharfen Stoffscheren schneiden.

Klebepistole:
Eine Alternative zu Heißklebepistolen – bei denen man sich leicht die Finger verbrennt – sind Niedertemperatur-Klebepistolen, die den Kleber nur minimal erwärmen. Der Klebstoff fixiert ebenso gut wie der Heißkleber, daher die zu verklebenden Objekte erst genau einpassen und dann mit Klebemasse festkleben.

Sprühkleber:
Dieser Kleber ist ebenso zum Fixieren von Kunstschnee, Zucker, Glitzer und Sand geeignet wie zum Aufbringen von Folien, Blättern, feinen Trockenblüten und vielem mehr.

Drähte:
Blaugeglühter Steckdraht (ø 1,6 mm, 40 cm lang):
Für die Modelle in diesem Buch werden Steckdrahtstäbe meist zum Andrahten der Kerze benutzt. Er eignet sich auch zum Feststecken von Materialien in Steckschwämme oder Stroh- und Naturkränze. Dazu wird das Drahtstück wie eine Haarnadel zusammengebogen. Auch Restabschnitte können hierfür verwendet werden, da eine Länge von 10 cm ausreicht.

Grün lackierter Draht (ø 0,9 mm, 40 cm lang):
Dieser Draht ist weniger starr als der Steckdraht und kann daher gut zum Andrahten feiner Materialien, wie z. B. Trockenblüten, Bänder oder Federn, verwendet werden. Das zu befestigende Objekt wird mit dem Draht umschlungen, und die überstehenden Spitzen werden in den Untergrund gesteckt.

Grün lackierter Wickeldraht (ø 0,65 mm):
Für das Binden von Kränzen oder das Umwickeln der Kränze mit

Moos eignet sich Wickeldraht sehr gut. Aufgrund seiner grünen Farbe ist der Draht am Kranz kaum mehr zu sehen.

Silberdraht (ø 0,65 mm):
Auch dieser Draht kann zum Kränzebinden verwendet werden. Gleichzeitig hat er eine sehr dekorative Wirkung.

Myrtendraht (ø 0,3 mm):
Dieser Draht wird vorwiegend als Gestaltungselement eingesetzt. Daneben ist er auch zum Auffädeln oder Andrahten zarter Materialien geeignet.

Wer – wo – was

Die erforderlichen Scheren und Zangen werden in allen Baumärkten angeboten. Kleber und Draht sowie die Objekte und Materialien, die Sie zum Binden und Schmücken Ihres Kranzes benötigen, wie Drähte, Holzsterne, Kerzen, künstliche Früchte, Bänder etc., sind im Hobbyfachgeschäft erhältlich.
Kränze, Lappenmoos und verschiedene Arten dekorativer Pflanzen (z. B. Ilex, Muehlenbeckia,Cupressus) bekommen Sie beim Floristen.

So wird's gemacht

Kerzen andrahten

Stumpenkerzen:
In dicke Stumpenkerzen werden jeweils drei Steckdrahtstäbe von 7 cm Länge gesteckt. Dazu den Draht entsprechend kürzen und das eine Drahtende in einer Kerzenflamme ca. 4 Sekunden lang erhitzen. Dann 1-2 cm tief in den mittleren Bereich des Kerzenbodens einstecken. Mit den übrigen Drahtstäben ebenso verfahren. Damit sich die Drähte im Untergrund verkeilen, sollten sie schräg zur Kerzenmitte zulaufend eingeschoben werden.
Mithilfe des angebrachten Drahtes werden die Kerzen dann auf den Kranz aufgesteckt.
Stabkerzen:
Die dünneren Stabkerzen werden mit nur zwei Drahtstäben befestigt, da sie sonst auseinander brechen könnten. Beim Andrahten wie oben beschrieben verfahren.
Spitzkerzen:
Damit diese dünnen Kerzen beim Einfügen des Drahtes nicht auseinander brechen, muss ein Trick angewandt werden. In eine große Tasse ca. 5 cm hoch heißes Wasser einfüllen. *Achtung:* Das Wasser sollte nur so heiß sein, dass die Kerze elastisch wird; das Wachs sollte nicht zerlaufen. Die Kerzen 2-3 Minuten im Wasser stehen lassen, dann herausnehmen und sofort das in der Zwischenzeit in einer Flamme erhitzte Drahtende in die Kerze stecken. Alternativ können zum Befestigen von Spitzkerzen auch Kunststoffkerzenhalter (z. B. von der Firma Oasis) benutzt werden; diese lassen sich allerdings nur in weiche Steckunterlagen einschieben.

Dekoration am Kranz befestigen

In der Regel wird der Kranz zunächst mithilfe von grün lackiertem Wickeldraht mit Grünzweigen oder Lappenmoos umbunden. Ranken werden locker geschlungen. Danach die angedrahteten Kerzen in den Kranz stecken. Dekorative Objekte, wie z. B. Kiefernzapfen, künstliche Früchte, Glaskugeln, Glasherzen, Holzsterne etc., werden mithilfe der Klebepistole festgeklebt oder mit dünnem Draht (Wickel-, Silber- oder Myrtendraht) befestigt. Die Schmuckelemente können auch mit Steckdraht angedrahtet werden; dazu den Drahtstab in die Form einer Haarnadel biegen.

„Beeisen"

Diese Methode können Sie auch selbst anwenden. Schlichte Glaskugeln erhalten damit ein edles und festliches Aussehen, Kratzer auf Glaskugeln werden raffiniert überdeckt.
Sie benötigen eine Dose Sprühkleber, Kunstschnee oder Zucker. Das zu verwandelnde Objekt mit Sprühkleber besprühen und sofort mit Schnee, Zucker – oder beidem – bestreuen. Natürlich können auch Zapfen, Äste, frische Zweige,

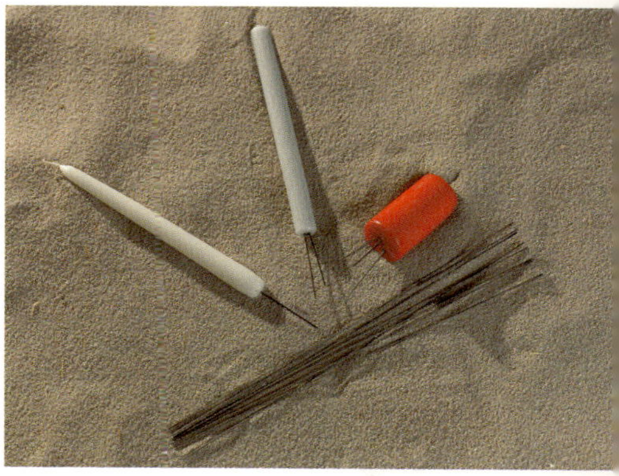

künstliche Früchte, Blüten und vieles mehr beeist werden.

Tipps und Tricks

Oft fransen Bänder nach dem Abschneiden an den Rändern aus. Die Fransen können verdeckt werden, indem das Bandende wie eine Pergamentrolle etwas nach oben eingerollt wird. Bänder mit eingearbeiteten Drahtkanten werden einfach in die richtige Stellung gebogen, andere müssen mit einem Tropfen Kleber fixiert werden.

Schmale Bänder oder Kordeln erhalten einen glänzenden Abschluss, wenn man das Krönchen einer Glaskugel verkehrt herum auf ihr Ende steckt. Das Krönchen zur Befestigung etwas zusammendrücken.

Spielen sie ruhig mit den Farben! Die vier Kerzen an einem Kranz wirken in unterschiedlichen Farbnuancen viel interessanter als in nur einem Farbton.

Versehen Sie gleich einige Kerzen mehr mit Drahtstäben. Das Auswechseln abgebrannter Kerzen geht dann schneller vonstatten.

Achten Sie darauf, Kerzen immer in ausreichendem Abstand zueinander aufzustellen (Faustregel: zwei Finger breit), damit sie durch die Hitze der Nachbarflamme nicht schmelzen.

Auch bei der Verwendung von Hanf und anderen trockenen Dekomaterialien den „Sicherheitsabstand“ beachten – sonst besteht Brandgefahr.

Naturkranz

Material

1 Strohrömerkranz (ø 22 cm, 4 cm dick)
Lappenmoos
1 Rolle Myrtendraht
2–3 biegsame Hartriegelzweige rot
gemischtes Koniferengrün
2 Efeuranken
8 Spitzkerzen apfelgrün (23 cm lang)
4 Steckdrahtstäbe (ø 1,6 mm, 40 cm lang)
20 Nüsse gemischt
12 Zimtstangen (8 cm lang)
10 Kiefernzapfen
3 Holzsterne grün, beperlt (ø 5 cm)
1 Peddigrohr apfelgrün
1 Packung Hanf gebleicht
Silbertaler (Lunaria)

Die Besonderheit dieses Kranzes besteht aus seinen natürlichen Materialien. An jedem Advent wird ein Kerzenpaar angezündet.

Lappenmoos um den Strohrömer wickeln und mit silbernem Myrtendraht befestigen. Den Draht ruhig großzügig verwenden, da er dem Kranz zusätzlichen Glanz gibt.

Einen Teil der Zweige und Efeuranken einstecken, den anderen um den Kranz schlingen und mit Draht fixieren.

Achtung: Die Zweige nur locker und sparsam auf die Außenseite des Kranzes aufbringen, sonst wird der Kranz zu mächtig und verliert seine verspielte Wirkung. Zwischen den Zweigen muss noch genügend Platz zum Einfügen der Verzierungen bleiben.

Nun die Kerzen mit Steckdraht versehen (siehe Seite 27). Paarweise in gleichmäßigen Abständen auf den Kranz aufstecken. Auf ausreichenden Abstand zwischen den Kerzen achten.

Dann Nüsse, Zimtstangen und Kiefernzapfen in Gruppen auf dem Kranz arrangieren und festkleben. Die beperlten grünen Sterne aufbringen. Das Peddigrohr und der Hanf werden locker um den Kranz geschlungen.

Achtung: Nicht zu nah bei den Kerzen aufbringen, sonst besteht Brandgefahr. Die Silbertaler auf Myrtendraht auffädeln und diesen auf den Kranz legen.

Zinkeimer

Material

1 Zinkeimer (ø 29 cm, 26 cm hoch)
1 gemischt gebundener Koniferenkranz (ø 36 cm)
1 Rolle Silberdraht (ø 0,65 mm)
4 Stumpenkerzen apfelgrün, gefrostet (ø 6 cm, 10 cm lang)
4 Steckdrahtstäbe (ø 1,6 mm, 40 cm lang)
Papier, Lappenmoos
3 Efeuranken
2 Palmspeerblätter apfelgrün
5 Sterne grau mit Eiskristallen (11 cm)
2 Holzsterne silber glänzend (6 cm)
1 Glaskugel apfelgrün matt (ø 8 cm)
1 Glaskugel apfelgrün matt (ø 4 cm)
1 Strang Muehlenbeckia

Auch ein schlichter Zinkeimer kann einem Kranz ein festliches Aussehen verleihen.
Ein Koniferenkranz wird auf den Zinkeimer gelegt und jeweils an den Griffenden mit Silberdraht befestigt. Vier Stumpenkerzen andrahten (siehe Seite 27) und in gleichmäßigen Abständen auf den Kranz aufstecken. Den Eimer zu einem Drittel mit Papier füllen und dieses mit Lappenmoos bedecken.

Einige 10 cm lange Steckdrahtstücke jeweils in die Form einer Haarnadel biegen. Dann die Efeuranken locker um den Kranz schlingen und mit den Drahtstücken fixieren. Die Enden der Ranken etwas nach unten hängen lassen. Je nach Belieben können Sie vor dem Aufbringen der Efeuranken die großen Blätter entfernen oder die Ranken teilweise auch ganz entblättern. Nun zwei Palmspeerblätter durch das Kranzgeflecht durchstecken. Sind die Stiele zu kurz oder der Kranz zu fest, werden die Blätter und Stiele getrennt und jeweils auf der gegenüberliegenden Kranzseite eingesteckt.
Unterhalb der Kerzen wird jeweils ein Eiskristallstern mit Steckdraht angebracht. Auf dem Kranz einen Eiskristallstern und einen kleinen Holzstern platzieren. Das Lappenmoos im Eimer mit den Glaskugeln und einem Eiskristallstern dekorieren.
Zum Schluss wird ein lang auseinander gezogener Muehlenbeckiastrang über ein Drittel des Kranzes geschlungen.

Zinktöpfe mit Nüssen und Zimt

Material

2 Steckschwämme
2 quadratische Zinkgefäße konisch zulaufend (14 x 14 cm, 12 cm hoch)
2 quadratische Zinkgefäße konisch zulaufend (9 x 9 cm, 8,5 cm hoch)
4 viereckige Stumpenkerzen rot (5,5 x 5,5 cm, 10 cm lang)
6 Steckdrahtstäbe (1,6 mm, 40 cm lang)
Lappenmoos
1 Rolle Silberdraht (ø 0,65 mm)
Walnüsse, Erdnüsse, Haselnüsse, Mandeln
1 Packung Hanf gebleicht
80 Zimtstangen (8 cm lang)
1 Fichtenbrett grob gehobelt (80 x 20 cm)
1 Kiefernzapfen (ø 10 cm)
7 kleine Kiefernzapfen
2 frische Äpfel rot
Lappenmoos

Traditionelle Weihnachtssymbolik zeigt sich hier in ganz neuem Gewand.
Es werden vier Steckschwammstücke als Kerzensockel benötigt. Jedes Stück mit dem Messer so zuschneiden, dass es 2 cm höher ist als der jeweilige Topf und in Form und Umfang den Kerzen entspricht. Nun die gefertigten Sockel mit der Klebepistole mittig auf den Boden des jeweiligen Zinktopfes kleben.
Die Kerzen andrahten (siehe Seite 27). Für die Dekoration der großen Töpfe zunächst zwei 25 cm lange Steckdrahtstücke 2 cm dick mit Lappenmoos umwickeln und das Moos mit Silberdraht befestigen. Dann die Stäbe jeweils um den Fuß einer Kerze schlingen. Die Kerzen auf den vorbereiteten Sockel aufstecken und den Topf mit Nüssen auffüllen.
Die Sockel der kleinen Töpfchen werden mit Hanf umwickelt. Steckdrahtstücke in die Form von Haarnadeln biegen und den Hanf damit fixieren. Anschließend die Kerzen auf den Sockel aufstecken und Zimtstangen in einer Reihe dicht nebeneinander um den Kerzensockel kleben. Die Lücke zwischen Topfrand und Sockel mit Lappenmoos ausstopfen.
Die Töpfe in einer Reihe auf das Fichtenbrett stellen. Das Brett sparsam mit Kiefernzapfen, Äpfeln, Zimtstangen und Nüssen dekorieren.

Keramiktöpfe mit Federschmuck

Material

1 Steckschwamm
4 quadratische Keramikgefäße (12 x 12 cm, 12,5 cm hoch)
Lappenmoos
2 Stumpenkerzen schokofarben (ø 6 cm, 12 cm lang)
2 Stumpenkerzen vanillefarben (ø 6 cm, 12 cm lang)
4 Steckdrahtstäbe (ø 1,6 mm, 40 cm lang)
6 Holzsterne gold glänzend (5,5 cm)
2 Holzsterne silber glänzend (5,5 cm)
2 Holzsterne silber glänzend (14 cm)
8 Walnüsse
20 Zimtstangen (8 cm lang)
9 Kiefernzapfen
4 Landlotosfruchtstände
1 Packung Federn rotbraun
4 Drahtstab grün lackiert (ø 0,9 mm, 40 cm lang)
40 Perlen cremefarben (ø 1 cm)
1 Rolle Myrtendraht silber (ø 0,3 mm)
2 Bouillondrähte silber

Bei diesen Gestecken ergeben raue Naturmaterialien und glänzender Schmuck ein harmonisches Ganzes.
Es werden vier Steckschwammstücke als Kerzensockel benötigt. Jedes Stück mit dem Messer so zuschneiden, dass es 2 cm höher ist als der Topf und einen etwas größeren Umfang als die Kerzen besitzt. Dann die Sockel jeweils mittig auf den Topfboden kleben. Die Kerzen andrahten (siehe Seite 27) und auf den Sockel aufstecken. Die Lücke zwischen Topfrand und Sockel mit Lappenmoos ausstopfen. Zum übersichtlicheren Arbeiten werden die vier Töpfe auf der für sie vorgesehenen Stelle platziert.
Nun die Sterne mit der Klebepistole oder mit Draht auf dem oberen Topfrand verteilt aufbringen. Einen großen und drei kleine Holzsterne übrig lassen. Anschließend die übrigen Schmuckelemente verteilen: Auf dem ersten Topf die Walnüsse befestigen, das zweite Gefäß mit Zimtstangen verzieren, auf den dritten Topf die Kiefernzapfen aufkleben und zum letzten Gesteck Landlotos hinzufügen.
Die Federn werden zu Büscheln zusammengefasst, mit grün lackiertem Draht fixiert und auf die Gestecke verteilt. Die Perlen in unterschiedlichen Abständen auf vier Myrtendrahtstücke von je 90 cm Länge auffädeln. Die Perlenschnüre locker um den Topfrand und den Schmuck schlingen. Danach die Gestecke mit jeweils einem halben Strang Bouillondraht sichern.
Zum Schluss einen großen und drei kleine Holzsterne zu Füßen der Töpfe verteilen.

Orientalisches Tablett

Material

1 Strohrömerkranz (20 cm, 2,5 cm dick)
grüner Ilex/Koniferengrün einer Sorte
1 Rolle Myrtendraht silber (ø 0,3 mm)
Samtband rot (30 cm lang, 5 cm breit)
Chiffonband zyklamrot mit Goldrand (1 m lang, 5 cm breit)
Chiffonband leuchtend rot mit Silberkante (1,2 m lang, 8,5 cm breit)
Chiffonband orangerot (1 m lang, 4 cm breit)
gedrehte Kordel silber-gold (1 m lang)
Litze silber (1 m lang)
1 Kupfertablett (ø 50 cm)
1 Holzstern silber glänzend (14 cm)
3 Glaskugeln hellrot, dunkelrot, orange matt (ø 6,5 cm)
1 Glaskugel silber glänzend (ø 6 cm)
3 Glaskugeln pink matt (ø 5 cm)
1 Glaszapfen pink-orange-rot gedreht (7,5 cm lang)
5 Glasschmuckelemente in verschiedenen Farben (ø 2,5 cm)
4 Kerzenständer
2 Spitzkerzen rot (22 cm lang)
2 Spitzkerzen orange (22 cm lang)
6 Windlichter, 6 Teelichter

Den Strohrömer mit Ilexblättern umwickeln und die Blätter mit Myrtendraht befestigen. An der Ansatzstelle wird ca. 10 cm breit ein rotes Samtband um den Kranz geschlungen und mit Kleber fixiert. Die übrigen Bänder, die Kordel und die Litze locker um den Kranz schlingen und diesen auf das Tablett legen.
Den silbernen Stern und eine dunkelrote Kugel in die Kranzöffnung legen. Die übrigen Kugeln, der Glaszapfen und die Glasschmuckelemente werden in unterschiedlichen Abständen auf zwei Silberdrähte von jeweils 20 cm Länge aufgefädelt, sodass sich eine dicke Traube ergibt. Die Drahtenden miteinander verdrehen und am Ilexkranz befestigen. Kissen im orientalischen Stil aus Samt, Satin und Chiffon mithilfe der Klebepistole fertigen oder im Fachhandel kaufen. Die Kerzen, die Windlichter und die Kissen auf dem Tablett arrangieren. Die Lücken mit einzelnen Kugeln füllen.

Zuckerfrüchtekranz

Material

1 Strohrömerkranz (ø 25 cm, 4 cm dick)
1 Lage Lappenmoos
1 Rolle Myrtendraht silber
2 Stumpenkerzen hellrot (ø 5 cm, 10 cm lang)
2 Stumpenkerzen dunkelrot (ø 5 cm, 10 cm lang)
6 Steckdrahtstäbe (ø 1,6 mm, 40 cm lang)
künstliche Äpfel rotorange, bezuckert (2 x ø 6 cm; 2 x ø 5,5 cm)
1 künstlicher Apfel gelborange, bezuckert (ø 5 cm)
12 künstliche Äpfel beperlt/Apfeldolden grün, rot (ø 2 cm)
künstliche Kiwischeiben bezuckert (3 x ø 5 cm; 4 x ø 3,5 cm)
3 künstliche Orangenscheiben bezuckert (3 x ø 5 cm; 4 x ø 3,5 cm)
3 Glaskugeln orange matt (ø 5 cm)
1 Glaskugel hellrot matt (ø 5 cm)
5 Glaskugeln pink, hellrot, bordeaux matt (ø 4 cm)
2 Glaskugeln hellrot glänzend (ø 3 cm)
3 Glaskugeln bordeaux matt (ø 3 cm)
3 Glaskugeln orange matt, glänzend (ø 3 cm)
2 Glasherzen hellrot matt (ø 5 cm)
1 Glasherz beperlt bordeaux (ø 6,5 cm)
4 Kiefernzapfen, 1 Packung Hanf gebleicht
30 künstliche Hagebuttenfrüchte grün (ø 2 cm)
3 Glaskugeln hellrot glänzend (ø 2 cm)
1 gemischt gebundener Koniferenkranz (ø 38 cm)
4 m Litze/Kordel orange

Das Lappenmoos um den Strohrömer wickeln und mit Myrtendraht fixieren. Die vier Kerzen andrahten (siehe Seite 27) und in gleichmäßigen Abständen auf den Kranz aufstecken. Zunächst die größeren Äpfel halbieren und mit Draht am Kranz befestigen. Dann kleine Äpfel, Fruchtscheiben, große Glaskugeln, Herzen und Kiefernzapfen fixieren. In den Zwischenräumen werden locker dünne Hanfstränge um den Kranz geschlungen. *Achtung:* Den Hanf nicht zu nah bei den Kerzen aufbringen, sonst besteht Brandgefahr. Die Hagebuttenfrüchte und die kleinen Glaskugeln in Gruppen auf dem Kranz arrangieren. In die verbliebenen Lücken einzelne kleine Früchte setzen.
Nun den geschmückten Strohrömerkranz auf den Koniferenkranz legen. Den oberen Kranz mit leichtem Druck ein wenig über den unteren ziehen, sodass die beiden Kränze eine harmonische Einheit ergeben. Zuletzt die beiden Kränze an drei Stellen locker mit der Litze zusammenfassen. Wenn der Koniferenkranz zu trocknen beginnt, kann er durch einen frischen ersetzt werden.

Eiskristallteller

Material

1 Aluminiumteller (ø 50 cm)
1 Metallgeflechtkranz (ø 34 cm, 5 cm dick)
1 Drahtreifen (ø 22 cm)
1 Drahtreifen (ø 25 cm)
1 Rolle Silberdraht (ø 0,65 mm)
gemischtes Koniferengrün
1 Rolle Myrtendraht silber (ø 0,3 mm)
Chiffonband weiß mit Silbersternen (1,5 m lang, 4 cm breit)
Chiffonband weiß mit Sternen (1,5 m lang, 4 cm breit)
1 Strang Muehlenbeckia
4 Stumpenkerzen weiß (ø 6 cm, 20 cm lang)
1 Kristallstern weiß, bezuckert (16 cm)
2 Kristallsterne weiß, bezuckert (10 cm)
1 künstlicher Apfel weiß, bezuckert (ø 7,5 cm)
1 künstlicher Apfel weiß, bezuckert (ø 6 cm)
2 Glaskugeln weiß matt (ø 5 cm)
1 Glaskugel perlmuttgrau glänzend (ø 4,5 cm)
1 Glaskugel perlmuttgrau glänzend (ø 5,5 cm)
2 Glaskugeln weiß beeist (ø 3 cm)
1 Glaskugel klar (ø 6,5 cm)
1 Glaskugel weiß matt (ø 6,5 cm)
1 Glaszapfen silber matt (6,5 cm lang)
Kunstschnee

Den Metallgeflechtkranz auf den Teller legen. Das Koniferengrün kurz schneiden und einen Teil davon mit Silberdraht am kleinen Drahtreifen befestigen. Das Ganze in der Öffnung des Metallkranzes platzieren.
Dann den größeren Drahtreifen aufschneiden, etwas aufbiegen und mit Silberdraht 5 cm dick mit dem übrigen Koniferengrün umwickeln. Den entstandenen offenen Kranz auf die beiden anderen Kränze legen.
Ein Ende des offenen Kranzes wird fest mit silbernem Myrtendraht umwickelt und in eine spitze Form gebracht. Die Bänder an der Spitze festknoten und locker um den Kranz schlingen.
Nun die Kerzen in der Tellermitte arrangieren. Den Muehlenbeckiastrang leicht auseinander ziehen und von der Mitte des Tellers aus über den Kranz legen. Achtung: Den Zweig nicht zu nah bei den Kerzen platzieren, sonst besteht Brandgefahr.
Anschließend aus großen und kleinen Glaskugeln zwei bis drei Gruppen zusammenstellen und diese jeweils auf ein Stück Silberdraht auffädeln. Die Trauben auf dem Kranz verteilt mit Draht befestigen.
Zum Schluss etwas Kunstschnee auf den Kranz aufstreuen.

Engelskranz

Material

1 gemischt gebundener Koniferenkranz (ø 34 cm)
1 Rolle Myrtendraht silber (ø 0,3 mm)
8 Stabkerzen lichtgrau (ø 2 cm, 23 cm lang)
4 Steckdrahtstäbe (ø 1,6 mm, 40 cm lang)
1 Packung Engelshaar silber
4 Metallengelchen mit Stab
3 Herzen aus Stahlwolle (ø 5 cm)
2 Herzen aus Stahlwolle (ø 12 cm)
1 Rolle Silberdraht (ø 0,65 mm)

Dieser Kranz wirkt aufgrund der hellgrauen Kerzen und der silbrig glänzenden Verzierungen besonders winterlich.
Den Koniferenkranz mit silbernem Myrtendraht streng über Kreuz umwickeln. Die Kerzen andrahten (siehe Seite 27) und in gleichmäßigen Abständen auf den Kranz aufstecken.
Nun zum Auflockern des dunklen Grüntons Engelshaar unregelmäßig auf den Kranz verteilen. Auf zwei Stäbe der Metallengelchen wird jeweils ein kleines Herz aus Stahlwolle aufgesteckt. Abwechselnd ein Engelchen mit und eines ohne Herz in jedem zweiten Kerzenzwischenraum befestigen.
Drei 10 cm lange Steckdrahtstücke jeweils in die Form einer Haarnadel biegen. Die übrigen Herzen mithilfe des Drahts am Kranz fixieren und etwas Engelshaar locker darüber legen.

Zuletzt den Kranz über Kreuz mit Silberdraht umwickeln.

Wenn die Tage kürzer werden und das Weihnachtsfest naht, wird das Zuhause weihnachtlich geschmückt, leckere Kekse werden gebacken und duftender Tee wird zubereitet. Die Zeit der Besinnung und des gemütlichen Zusammenseins mit der Familie beginnt.
Die hier vorgestellten Lichterbögen sind genau das Richtige, um eine weihnachtliche Atmosphäre zu schaffen. Gleich, ob Engel-, Nikolaus-, Stern- oder Krippenmotive – die wunderschönen Holzarbeiten passen in jeden Raum, und die Kerzen verbreiten mit ihrem sanften Licht eine angenehm friedvolle Stimmung.
Die ganze Familie kann beim Basteln eines Lichterbogens mitwirken. So kann ein Elternteil schon einmal einen Stern aussägen, damit der Nachwuchs gleich etwas zum Schleifen hat, während ein anderer das ausgewählte Motiv von der Vorlage auf die Holzplatte überträgt. Haben Sie Spaß beim Basteln im Kreise ihrer Familie und viel Freude mit Ihrem selbst erschaffenen Werk!

Material & Werkzeug

Holz

Die Lichterbögen in diesem Buch wurden aus Birkensperrholz gefertigt. Buchensperrholz eignet sich ebenso gut, weicheres Holz, wie z.B. Pappelsperrholz, sollte jedoch nicht verwendet werden, da es an den Kanten und – bei eng aneinander liegenden Schnitten – an der Unterseite ausbrechen kann.
Die Holzplatten sind in Baumärkten erhältlich. Dort können sie auch auf die benötigte Größe zugeschnitten werden. Achten Sie beim Kauf immer auf die Qualität des Holzes. Es sollte auf der Oberfläche keine Risse aufweisen.

Laubsäge

Laubsägen sind in verschiedenen Preisklassen in Baumärkten erhältlich. Achten Sie auf die Verarbeitung der Säge, vor allem bei billigeren Produkten. Lassen Sie sich am besten von einem Fachmann beraten.
Es gibt zwei Arten von Sägeblättern, die jeweils in verschiedenen Stärken angeboten werden. Mit Rundsägeblättern kann man in alle Richtungen sägen, doch ist ihre Schnittfläche sehr rau und muss stärker nachbearbeitet werden. Herkömmliche Laubsägeblätter hinterlassen eine wesentlich glattere Schnittfläche und einen dünneren Sägespalt. Allerdings können sehr schmale Bögen nicht in einem Zug gesägt werden.

Dekupiersäge

Eine Dekupiersäge ist eine Art elektrische Laubsäge, die ein wesentlich schnelleres Arbeiten ermöglicht. Die Maschine kann problemlos mehrere Zentimeter dicke Holzplatten und – mit den passenden Sägeblättern – sogar Kunststoff oder Metall zusägen. Für das Zuschneiden schmaler Bögen oder Winkel ist sie jedoch ungeeignet.
Im Gegensatz zur Arbeit mit der Laubsäge wird bei der Dekupiersäge das Werkstück auf das Sägeblatt zugeführt und zugeschnitten.

Bohrmaschine und Bohrer

Zum Bohren verwenden Sie am besten eine Akkubohrmaschine; so benötigen Sie keine Steckdose an Ihrem Arbeitsplatz. Diese Bohrmaschine kann auch zum Eindrehen von Schrauben benutzt werden. Passende Bohrer und Schraubeinsätze sind in allen benötigten Stärken erhältlich.

Bohrschleifer

Mit diesem Gerät können Sie Löcher bohren, die Kanten zugesägter Werkstücke nachschleifen und fräsen. Die Drehzahl ist sehr variabel – 5000 U/Min. bis ca. 25000 U/Min. – und kann je nach gewähltem Werkzeug und Material passend eingestellt werden. Einsatzwerkzeuge werden in großer Zahl und in den unterschiedlichsten Ausführungen angeboten.

Schwingschleifer

Diese Maschine ist einfach zu handhaben und kann zum Schleifen der Holzoberfläche eingesetzt werden. Das Schleifpapier mit der benötigten Körnung wird passend zugeschnitten und in die Maschine eingespannt.

Feilen

Holzfeilen gibt es in verschiedenen Größen, Formen und unterschiedlicher Rauigkeit. Für das Arbeiten an Lichterbögen eignen sich feine Schlüsselfeilen am besten. Sie werden meist als Set angeboten, in dem unterschiedliche Ausführungen kombiniert sind. Sehr enge, für normale Feilen unzugängliche Stellen können mit diesen Werkzeugen nachbearbeitet werden.

Schleifpapier

Bei Schleifpapier ist der Körnungsgrad ausschlaggebend für das Ergebnis. Je höher die Körnung ist, desto glatter wird die Oberfläche. Der Körnungsgrad ist jeweils auf der Rückseite der Schleifbögen angegeben. Schmale Zwischenräume lassen sich gut mit einem schmalen Streifen abschmirgeln, den Sie mit einer alten Schere zuschneiden können.

Zubehör

Bei allen im Buch vorgestellten Modellen wurden Schrauben mit einem Durchmesser von 3 mm in verschiedenen Längen verwendet. Zum Vorbohren der Schraubenlöcher sind Bohrer mit einem Durchmesser von 1,5 mm bis 3 mm geeignet.
An der Holzunterseite herausstehende Schraubenköpfchen können Sie versenken, indem Sie z. B. ein Bohrloch mit dem Durchmesser von 3 mm nachträglich mit einem 6-mm-Bohrer leicht anbohren.
Die Steckleuchter, die als Kerzenhalter auf die Lichterbögen aufgeschraubt werden, erhalten Sie in gut sortierten Hobby-Fachgeschäften.

Lichterbogen „Winterwald" Schritt für Schritt

Material

Birkensperrholzplatte (8 mm dick, 40 x 25 cm)
Kohlepapier
Kreppband
Bleistift, Zirkel
Bohrmaschine
Bohrer (0,8 mm, 2 mm, 5 mm)
Dekupiersäge, Laubsäge
Schlüsselfeilenset
feines Schleifpapier
7 Steckleuchter (ø 19 mm)
7 Schrauben (3 x 20 mm)
Schraubenzieher

Das Motiv übertragen

Übertragen Sie den Lichterbogen einschließlich der dazugehörigen Sterne (Unterteile der Kerzenhalterungen) und Füßchen vom Vorlagenbogen auf die Sperrholzplatte. Es empfiehlt sich, zunächst die betreffende Seite des Vorlagenbogens zu kopieren und die Kopie zum Übertragen zu verwenden. So bleibt Ihr Vorlagenbogen unbeschädigt und kann immer wieder verwendet werden. Bringen Sie das Motiv immer auf die schönere Seite der Holzplatte auf.
Das Motiv wird mithilfe von Kohlepapier auf das Holz gezeichnet. Hierzu legen Sie das Kohlepapier mit der schwarzen Seite nach unten auf die Sperrholzplatte. Die Vorlage auf das Kohlepapier legen und beides mit Kreppband oder Reißnägeln auf der Unterlage befestigen. Sie sparen sich den lan-

gen Schnitt an der Unterseite des Lichterbogens, wenn Sie die Unterkante des Motivs genau an die Holzkante anlegen.
Die Konturen des Motivs mit einem weichen Bleistift oder Kugelschreiber nachziehen. Die beiden Halbkreise des Lichterbogens zeichnen Sie am besten mit einem Zirkel nach. Beim Übertragen der Sterne die Markierungen für die Bohrlöcher nicht vergessen.

Löcher bohren

Um das Motiv im Innenteil des Lichterbogens aussägen zu können, müssen in die Zwischenräume des Motivs einige Löcher mit der Bohrmaschine gebohrt werden, durch die das Sägeblatt hindurchgeführt wird. Wenn Sie mit der Dekupiersäge arbeiten, verwenden Sie hierzu einen 5-oder 6-mm-Bohrer, für Laubsägeblättchen reicht ein Lochdurchmesser von 0,8 mm. Für die „Knöpfe" in der Nikolausjacke benutzen Sie einen 5-mm-Bohrer. Die beiden Hasen und die Flicken auf dem Sack müssen mit der Laubsäge umsägt werden, da die Dekupiersäge die schmalen Bögen nicht bewältigen könnte. Bohren Sie hier möglichst feine Löcher vor.
Legen Sie vor dem Bohren ein passendes Stück Abfallholz unter das Werkstück. Damit verhindern Sie, dass das Holz an der Rückseite zu sehr ausfranst. *Achtung:* Je kleiner der Lochdurchmesser, umso höher muss die Drehzahl des Bohrers eingestellt werden. Nur so erhalten Sie glatte Lochränder. Die Unterseite der Holzplatte wird nach dem Bohren kurz mit feinem Schleifpapier abgeschliffen, um abstehende Holzspäne an den Lochrändern zu entfernen.

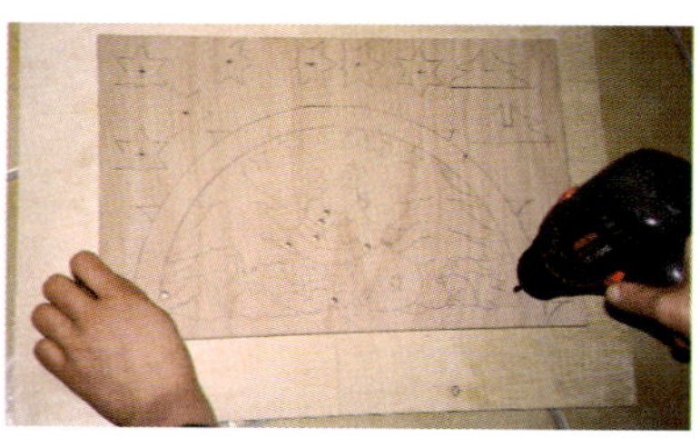

Säge und Sägeblätter

Der Lichterbogen kann mit einer Laubsäge ausgesägt werden, was allerdings sehr viel Zeit und Kraft in Anspruch nimmt und Übung erfordert. Wesentlich einfacher und schneller lässt sich der Bogen mit einer Dekupiersäge fertigen; diese Säge hinterlässt außerdem feinere und sauberere Schnittkanten, die weniger nachbearbeitet werden müssen. Für schmale Bögen und Winkel muss jedoch in jedem Fall eine Laubsäge verwendet werden.
Wählen Sie möglichst feine Sägeblätter, um einen glatten Schnitt zu erhalten. *Achtung:* Das Sägeblatt wird immer mit nach unten gerichteten Zähnen in die Säge eingespannt und justiert. Es muss gut gespannt sein, damit es die Richtung beim Sägen behält. Setzen Sie vor Beginn Ihrer Arbeit ein neues Sägeblatt ein.
Wenn Sie noch keine Erfahrungen im Umgang mit einer Dekupiersäge haben, sollten Sie erst an einem Stück Abfallholz „probesägen". Sie werden sehen, es ist keine große Kunst, sondern bedarf nur einiger Übung.

Den Lichterbogen aussägen

Zuerst wird der äußere Bogen ausgesägt. Führen Sie die Holzplatte gleichmäßig auf das Sägeblatt zu, niemals ruckartig. Für eine glatte Rundung wird die Holzplatte während des Sägens in die entsprechende Richtung gedreht. Die für die Kerzenhalterungen vorgesehenen Stellen müssen sehr sauber zugesägt werden, damit die aufzubringenden Sterne und Steckleuchter einen guten Stand haben.
Nun sägen Sie die sieben Sterne und die zwei Füßchen aus.
Achtung: Die Breite der Schlitze in den Füßchen muss entsprechend der Plattendicke genau 8 mm betragen. Am besten messen Sie noch einmal mit dem Lineal nach.
Ist der Außenbogen gesägt, wird das Innere des Lichterbogens bearbeitet. Lösen Sie dazu zunächst die Spannvorrichtung an Ihrer Säge und entfernen Sie das Sägeblatt. Dann führen Sie das Blatt durch eines der vorgebohrten Löcher. Spannen Sie das Sägeblatt wieder fest ein und schließen Sie die Spannvorrichtung.

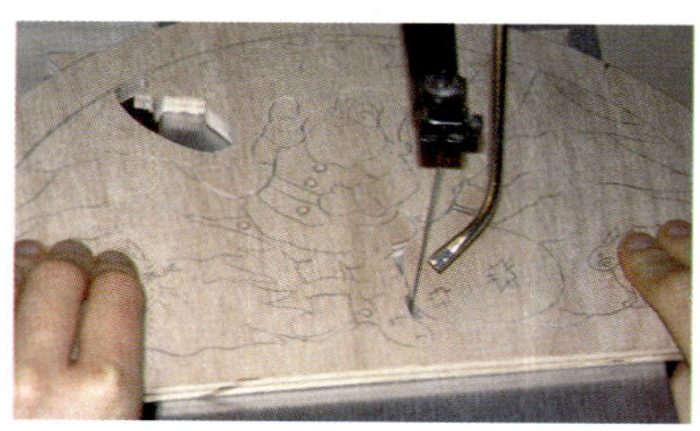

Vom Loch aus folgen Sie mit der Säge den vorgezeichneten Konturen des Motivs. Hierbei können Sie nach Belieben die Richtung wählen. Die Hasen und die Flicken auf dem Sack werden mit der Laubsäge umsägt. Bewegen Sie hierbei die Säge gleichmäßig und üben Sie nicht zu großen Druck aus, da das feine Sägeblättchen sonst reißen könnte.

Das Holz schleifen

Nun wird die Oberfläche des Lichterbogens abgeschliffen. So wird das Holz geglättet und eventuell noch vorhandene Konturenlinien entfernt.
Das Holz kann mit einem Schwingschleifer abgeschliffen werden. Ist ein Bohrschleifer vorhanden, kann dieser zum Versäubern der Schnittkantenränder benutzt werden. Das Holz lässt sich jedoch genauso gut per Hand mit Schlüsselfeilen oder feinem Schleifpapier glätten. Für schwerer zugängliche Stellen einen schmalen Streifen vom Schleifpapier abschneiden und damit Sägespäne und Holzstaub entfernen.

Die Sterne vorbereiten

Die Sterne werden in der Weise auf dem Lichterbogen platziert, wie es auf dem Vorlagenbogen dargestellt ist. Wenn Sie jedoch die vorhandene Lücke zwischen Stern und Bogen vermeiden wollen, können Sie den Stern vor dem Anbringen an der entsprechenden Stelle nachfeilen, sodass er der Rundung des Bogens angepasst ist und direkt am Bogenrand anliegt.

Den Lichterbogen zusammenbauen

Schieben Sie die Füßchen in die dafür vorgesehenen Schlitze des Lichterbogens. Wenn sie sich schwer einfügen lassen, feilen Sie die Schlitze ein wenig nach.

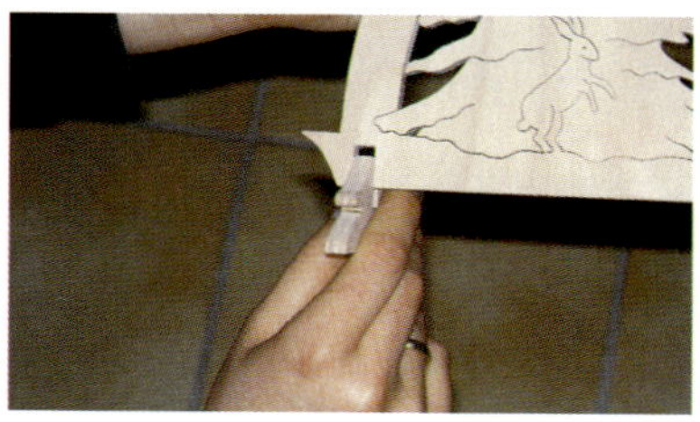

Nun werden die Löcher zum Verschrauben der Sterne und Steckleuchter gebohrt. Hierfür stellen Sie den Lichterbogen auf und setzen die Sterne auf die dafür vorgesehenen Stellen. Bohren Sie an der Markierung mit einem 2-mm-Bohrer ein Loch durch jeden Stern und etwas weiter

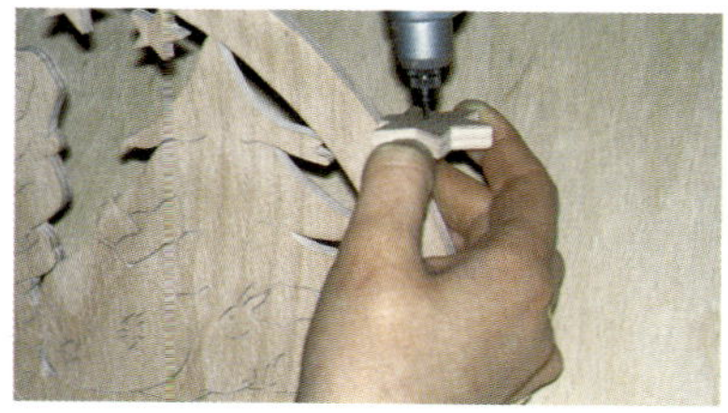

in das darunter liegende Holz. Schrauben Sie den Stern mit einem Steckleuchter auf den Bogen auf. In dieser Weise befestigen Sie die oberen fünf Sterne und Steckleuchter am Lichterbogen. Die

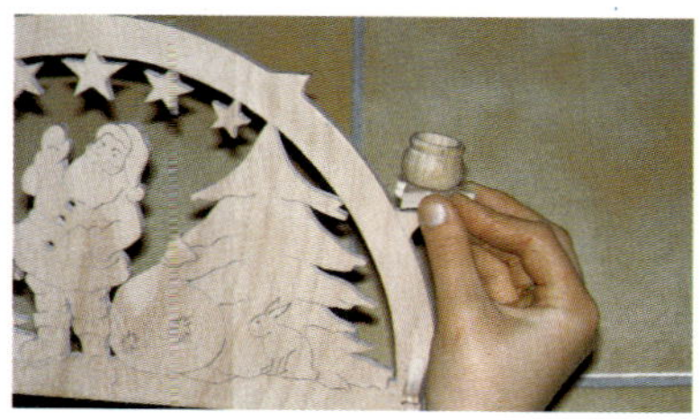

Sterne für die beiden untersten Kerzenhalterungen zunächst an der Unterseite mit Leim bestreichen, etwas antrocknen lassen und dann mit dem Steckleuchter festschrauben. Die zu verklebenden Flächen müssen staubfrei sein.

Lichterbogen „Nackter Engel“

Material

Birkensperrholzplatte (8 mm dick, 35 x 20 cm)
Kohlepapier, Kreppband
Bleistift, Zirkel
Bohrmaschine
Bohrer (0,8 mm, 2 mm, 5 mm)
Dekupiersäge, Laubsäge
Schlüsselfeilenset
feines Schleifpapier
3 Steckleuchter (ø 19 mm)
3 Schrauben (3 x 20 mm)
Schraubenzieher

Den Lichterbogen einschließlich der dazugehörigen Füßchen und Sterne mit Kohlepapier auf das Holz übertragen. Zeichnen Sie die Markierungen für die Bohrlöcher ein.

Ein passendes Stück Abfallholz unter das Werkstück legen. In die Zwischenräume des Motivs mit der Bohrmaschine einige Löcher bohren, durch die das Sägeblatt hindurchgeführt werden kann. Danach die Unterseite der Holzplatte kurz mit feinem Schleifpapier abschleifen.

Den äußeren Bogen, die Sterne und die Füßchen aussägen. Anschließend das Innere des Lichterbogens zuschneiden. Sägen Sie die schmalen Bögen und Winkel mit der Laubsäge, die übrigen Schnitte können Sie mit der Dekupiersäge durchführen. Die Schnittkanten werden mit feinem Schleifpapier abgeschliffen.

Schieben Sie die Füßchen in die entsprechenden Schlitze des Lichterbogens. Stellen Sie den Bogen auf und platzieren Sie die Sterne auf den dafür vorgesehenen Stellen. An der Markierung mit einem 2-mm-Bohrer ein Loch durch jeden Stern und etwas weiter in das darunter liegende Holz bohren. Die Sterne mit jeweils einem Steckleuchter auf den Bogen aufschrauben.

Tipp:
Sie haben das Loch für Ihren Steckleuchter zu tief gebohrt, sodass an der Unterseite des Lichterbogens nun ein unschönes Loch ist?
Geben Sie von der Bogenunterseite her etwas Holzleim in das Loch. Schieben Sie einen hölzernen Schaschlikspieß mit der Spitze voran hinein, bis er fest verankert ist. Den Leim ein wenig antrocknen lassen, dann den Spieß direkt an der Lochkante absägen. Zuletzt die Stelle mit Schleifpapier glätten.

Lichterbogen „Elch“

Material

Birkensperrholzplatte (8 mm dick, 35 x 22 cm)
Kohlepapier, Kreppband
Bleistift, Zirkel
Bohrmaschine, Bohrer (0,8 mm, 2 mm, 5 mm)
Dekupiersäge, Laubsäge
Schlüsselfeilenset, feines Schleifpapier
3 Steckleuchter (ø 19 mm), 3 Schrauben (3 x 20 mm)
Schraubenzieher

Übertragen Sie zunächst den Lichterbogen einschließlich der dazugehörigen Füßchen und Sterne mit Kohlepapier auf das Holz. Die Markierungen für die Bohrlöcher einzeichnen.
Ein passendes Stück Abfallholz unter das Werkstück legen. Bohren Sie in die Zwischenräume des Motivs einige Löcher, durch die das Sägeblatt hindurchgeführt werden kann. Bohren Sie mit dem dünnen Bohrer auch die Löcher für die Augen der Tiere. Danach die Unterseite der Holzplatte kurz mit feinem Schleifpapier abschleifen.
Nun schneiden Sie das Innere des Lichterbogens zu. Die schmalen Kurven mit der Laubsäge sägen, die übrigen Schnitte können mit der Dekupiersäge durchgeführt werden.
Anschließend den äußeren Bogen, die Füßchen und die Sterne zuschneiden. Die Schnittkanten mit feinem Schleifpapier glätten.

Achtung: Verwenden Sie zum Schleifen des Geweihs und der Äste eine kleine Rundfeile und üben Sie nur leichten Druck aus, damit das Holz nicht abbricht.
Die Füßchen in die entsprechenden Schlitze des Lichterbogens schieben. Den Bogen aufstellen und die Sterne auf die dafür vorgesehenen Stellen setzen. An der Markierung wird mit einem 2-mm-Bohrer ein Loch durch jeden Stern und etwas weiter in das darunter liegende Holz gebohrt. Die Sterne mit jeweils einem Steckleuchter auf den Bogen aufschrauben.

Lichterbogen „Nikolaus im Einsatz"

Material

Birkensperrholzplatte (8 mm dick, 50 x 50 cm)
Kohlepapier, Kreppband, Bleistift
Bohrmaschine, Bohrer (0,8 mm, 2 mm, 5 mm)
Dekupiersäge, Laubsäge
Schlüsselfeilenset,
feines Schleifpapier
7 Steckleuchter (ø 19 mm),
7 Schrauben (3 x 20 mm)
Schraubenzieher

Übertragen Sie den Lichterbogen und die dazugehörigen Füßchen und Sterne mit Kohlepapier auf das Holz. Die Markierungen für die Bohrlöcher einzeichnen.
Nun ein passendes Stück Abfallholz unter das Werkstück legen und in die Zwischenräume des Motivs mit der Bohrmaschine einige Löcher bohren, durch die das Sägeblatt hindurchgeführt werden kann. Bohren Sie mit dem dünnen Bohrer auch die Löcher für die Tier- und Nikolausaugen. Die Unterseite der Holzplatte mit Schleifpapier abschleifen.

Nun wird das Innere des Lichterbogens bearbeitet. Zunächst die Geweihe, die Sternchen und die Schlittenkufen mit etwas Zugabe mit der Laubsäge zuschneiden, dann die Formen entlang den Konturen aussägen. Der Rest kann mit der Dekupiersäge gefertigt werden.
Anschließend den Außenbogen, die Füßchen und die Sterne zuschneiden. Dann die Schnittkanten mit Schleifpapier glätten. Schleifen Sie die Schlittenkufen sehr behutsam, damit sie nicht abbrechen.
Die Füßchen in die entsprechenden Schlitze des Lichterbogens schieben und den Bogen aufstellen. Die Sterne auf die dafür vorgesehenen Stellen setzen. Bohren Sie an der Markierung mit einem 2-mm-Bohrer ein Loch durch jeden Stern und etwas weiter in das darunter liegende Holz. Schrauben Sie die Sterne mit jeweils einem Steckleuchter auf den Bogen auf.

Kerzenständer „Krippenlandschaft“

Material

Krippe: Birkensperrholzplatte (8 mm dick, 38 x 25 cm)
Grundplatte: Birkensperrholzplatte (8 mm dick, 75 x 35 cm)
Figuren: Birkensperrholzplatte (8 mm dick, 15 x 100 cm)
Kohlepapier, Kreppband
Bleistift
Bohrmaschine
Bohrer (2 mm, 4 mm, 5 mm)
Dekupiersäge, Laubsäge
Schlüsselfeilenset
feines Schleifpapier
4 Steckleuchter (ø 19 mm)
25 Schrauben (3 x 16 mm)
Schraubenzieher, Holzleim
Holzstab (ø 4 mm, 28 cm lang)

Der Stall, die Sterne für die Kerzenhalterungen, der Weihnachtsstern, die Figuren und die Grundplatte werden mit Kohlepapier auf das Holz übertragen. Zeichnen Sie auch die Markierungen für die Bohrlöcher ein.
Zunächst den Stall fertigen. Dazu ein passendes Stück Abfallholz unter das Werkstück legen und innerhalb der aufgezeichneten Stallform einige Löcher mit einem Durchmesser von 5 mm bohren. Mit einem 2-mm-Bohrer die Löcher für die Schrauben bohren. Die Unterseite der Holzplatte kurz mit Schleifpapier glätten.
Die äußeren Konturen und die Sterne für die Kerzenhalterungen aussägen. Anschließend das Stallmotiv zuschneiden.
Dann Löcher mit einem Durchmesser von 2 mm zum Verschrauben des Stalls und der Figuren in die Grundplatte bohren. Mit dem 2-mm-Bohrer die Löcher für die Augen der Figuren bohren. Danach die Figuren aussägen. Die schmalen Bögen und Winkel müssen mit der Laubsäge zugeschnitten werden, für die übrigen Konturen kann eine Dekupiersäge verwendet werden. An den Markierungen mit dem 2-mm-Bohrer die Löcher für die Schrauben bohren.
Den Weihnachtsstern entlang den Außenkonturen ausschneiden. Das Loch für den Holzstab bohren und die Linien in den Schweif sägen. Alle Schnittkanten mit feinem Schleifpapier abschleifen.
Anschließend die Grundplatte aussägen.
Schrauben Sie den Stall auf die Grundplatte und setzen Sie die Sterne für die Kerzenhalterungen auf die dafür vorgesehenen Stellen. An der Markierung mit einem 2-mm-Bohrer ein Loch durch jeden Stern und etwas weiter in das darunter liegende Holz bohren. Die Sterne mit jeweils einem Steckleuchter auf den Bogen aufschrauben. Den Holzstab an beiden Enden mit etwas Holzleim bestreichen und den Kleber antrocknen lassen. Dann das eine Ende in das Loch des Weihnachtssterns stecken, das andere im dafür vorgesehenen Loch der Holzplatte befestigen. Zuletzt die Figuren auf die Grundplatte aufschrauben.

Kerzenständer „Sternenregen“

Material

Grundplatte und Sterne:
Birkensperrholzplatte (8 mm dick, 35 x 35 cm)
Sternenregen:
Birkensperrholzplatte (8 mm dick, 15 x 30 cm)
Kohlepapier, Kreppband
Bleistift, Bohrmaschine
Bohrer (0,8 mm, 2 mm, 3 mm, 5 mm)
Dekupiersäge, Laubsäge
Schlüsselfeilenset
feines Schleifpapier
2 Rundhölzer (ø 1 cm, 11 cm lang)
Rundholz (ø 1 cm, 27 cm lang)
2 Rundhölzer (ø 1 cm, 19 cm lang)
7 Schrauben (3 x 16 mm)
5 Schrauben (3 x 25 mm)
Schraubenzieher
5 Steckleuchter (ø 19 mm)

Übertragen Sie den Sternenregen, den großen Stern für die Grundplatte und die kleinen Sterne auf das Holz. Die Markierungen für die Bohrlöcher einzeichnen.
Schneiden Sie mit der Dekupiersäge den Stern für die Grundplatte und die Sterne für die Kerzenhalterungen zu. Zum Fertigen des Sternenregens zunächst ein passendes Stück Abfallholz unter die Holzplatte legen. In die Sternzwischenräume mit der Bohrmaschine einige Löcher bohren. Danach Löcher mit einem Durchmesser von 2 mm für die Schrauben bohren. Die Unterseite der Holzplatte mit Schleifpapier abschleifen.
Dann den Sternenregen aussägen. Die kleinen Zwischenräume müssen Sie mit der Laubsäge ausschneiden, für die größeren Zwischenräume und die Außenkonturen eignet sich auch die Dekupiersäge. Alle Schnittkanten abschleifen.
Nun bohren Sie an den markierten Stellen Löcher mit einem Durchmesser von 3 mm in die Grundplatte.
In die Enden der Rundhölzer und in die Sterne für die Kerzenhalterungen jeweils mittig ein Loch mit einem Durchmesser von 2 mm bohren.
Schleifen Sie alle Lochränder ab.
Legen Sie jeweils einen Stern auf eine Sternenzacke der Grundplatte. Die Bohrlöcher müssen dabei genau übereinander liegen. Schrauben Sie die Sterne mit einer 25 mm langen Schraube von unten her fest. Je ein Rundholz auf die Sterne schrauben. Auf das andere Ende der Rundhölzer einen Stern mit einem Steckleuchter aufschrauben.
Zuletzt den Sternenregen von unten her mit der Grundplatte verschrauben.

Sie müssen kein Profi-Bastler sein, um stimmungsvolle Weihnachtsdekoration selbst herzustellen. Mithilfe der Serviettentechnik können Sie auf denkbar einfache Weise und mit nur wenig Material fantasievollen Weihnachtsschmuck und außergewöhnliche Geschenke fertigen. Die ausgewählten Motive werden ausgeschnitten und können dann auf die unterschiedlichsten Objekte aufgeklebt werden – Sie werden sehen, die Wirkung ist erstaunlich. Wie naturgetreue Malerei wirken die aufgebrachten Bilder und verwandeln so einfache Gegenstände in edle Schmuckstücke.
In diesem Kapitel finden Sie Gestaltungsideen für Papier, Holz, Glas, Terrakotta, Metall und Stoffe. Sie können die hier vorgestellten Beispiele nacharbeiten oder sich von ihnen zu eigenen Weihnachtsdekorationen inspirieren lassen. Gehen Sie auf Motivsuche und entdecken Sie Ihre Kreativität – dank eines breiten Angebots an Weihnachtsservietten lässt sich für jeden Geschmack ein passendes Bildmotiv für den festlichen Anlass finden.

Material & Werkzeug Serviettentechnik

Servietten
Papierservietten mit weihnachtlichen Motiven gibt es in großer Auswahl, in unterschiedlichen Farben und Größen. Es wird immer nur die oberste bedruckte Papierlage einer Serviette verwendet, daher sollte sie aus festerem Material bestehen. Wählen Sie die Motive in Farbe und Größe passend zum Objekt, das dekoriert werden soll. Im Hobby-Fachgeschäft können Sie Servietten auch stückweise kaufen, wenn Sie nur wenige einer Sorte benötigen. Auf jeden Fall lohnt es sich, sich einen kleinen Motivvorrat für verschiedene Gestaltungsmöglichkeiten anzuschaffen.

Grundierung
Zwar kommen Serviettenmotive auf Holz, Glas oder Metall sehr schön zur Geltung, die Objekte wirken jedoch festlicher, wenn sie in Gold und Silber oder in den typischen Weihnachtsfarben Rot und Grün grundiert werden. Hierfür wird Glanzlack oder matte Acrylfarbe verwendet; Acrylfarben sind am einfachsten zu verarbeiten, da sie untereinander mischbar und wasserlöslich sind.
Helle Motive kommen am besten auf einer weißen Grundierung zur Geltung. Nach dem Aufkleben des Motivs kann der Gegenstand rund um das Bild noch in einem anderen Farbton bemalt werden.

Spezialkleber
Die Motive werden mit einem Spezialkleber, der gleichzeitig fixiert und lackiert, auf den Untergrund aufgebracht (z. B. Mod Podge, Transferlack oder Aqua-Klarlack). Dieser Kleber ist wasserlöslich und matt oder glänzend erhältlich.

Lack
Zum Versiegeln der fertigen Objekte kann Matt- oder Klarlack verwendet werden. Der Lack schützt die Dekoration und verleiht ihr Tiefenwirkung.
Um Objekten einen antiken Charakter zu verleihen, wird vor dem Aufbringen des Motivs Krakelierlack aufgetragen.

Pinsel
Zum Auftragen des Spezialklebers und der Lackierung sollten flache Borstenpinsel verwendet werden. Für die Grundierung eignen sich ebenfalls Borstenpinsel oder auch dicke Feinhaarpinsel. Soll ein weiß grundierter Gegenstand rund um das Motiv bemalt werden, benutzen Sie am besten einen dünnen Feinhaarpinsel.

Schere
Die Motive werden mit einer einfachen Bastelschere ausgeschnitten. Für das genaue Ausschneiden kleiner Motive wird eine kleine spitze Schere verwendet.

So wird's gemacht

Je nach Wunsch wird das Objekt vor dem Aufkleben des Motivs in zur Weihnachtszeit passenden Farbtönen grundiert. Beachten Sie bitte, dass ein dunkler Untergrund durch die dünne Papierschicht des Motivs hindurchscheint, daher sollte lieber ein hellerer Farbton für die Grundierung gewählt werden. Bei hellen Motiven das Objekt immer weiß anmalen. Die gewählte Farbe wird mit gleichmäßigen Pinselstrichen aufgetragen oder mit dem Pinsel aufgetupft. Die Grundierung 30 bis 40 Minuten trocknen lassen.

Soll das Objekt ein antikes Aussehen erhalten, wird die Krakeleetechnik angewandt. Dazu mit dem Pinsel eine dünne Schicht Krakelierlack auf dunkle Grundierungsfarbe aufbringen. Den Lack 30 bis 40 Minuten trocknen lassen, dann Deckfarbe in einem hellen Farbton auftragen. In der oberen Farbschicht entstehen sofort kleine Risse, durch die die Untergrundfarbe sichtbar wird.

Schneiden Sie das gewählte Motiv entlang den Konturen aus der Serviette aus. Es wird nur die bedruckte oberste Papierlage benötigt, die anderen beiden Lagen werden entfernt. Möchten Sie mehrere Motive auf ein Objekt aufkleben, schneiden Sie sie am besten gleich in der gewünschten Anzahl aus und arrangieren sie probeweise auf dem Objekt. Soll die Oberfläche eines Gegenstandes vollständig mit einem Motiv bedeckt werden, den Serviettenausschnitt etwas größer zuschneiden und den Überstand nach dem Aufkleben abschneiden.

Ist die Grundierung vollständig getrocknet, wird der Untergrund dünn mit Spezialkleber eingestrichen. Legen Sie das Motiv auf die bestrichene Fläche und drücken Sie es vorsichtig fest. Streichen Sie es anschließend mit dem Pinsel oder den Fingern von der Mitte zum Rand hin aus, um Lufteinschlüsse und Falten zu vermeiden. Das Ganze mindestens 30 Minuten trocknen lassen, dann vorsichtig eine zweite Schicht Spezialkleber auftragen. *Achtung:* Nur leicht darüber streichen, damit das hauchdünne Papier nicht einreißt.

Sollen mehrere Motive aufgebracht werden, zunächst nur die für das erste Motiv vorgesehene Stelle mit Kleber bestreichen und den Serviettenausschnitt in der beschriebenen Weise aufbringen. Anschließend wird das zweite Motiv aufgeklebt, dann das dritte etc.; das Papier haftet nur, wenn es auf noch feuchten Kleber aufgelegt wird. Möchten Sie Motive etwas übereinander setzen, nochmals behutsam über das bereits geklebte Papier streichen.

Ist der Untergrund etwas dunkler als das gewählte Serviettenmotiv, entweder das aufgebrachte Motiv weiß übermalen und nach dem Trocknen der Farbe ein weiteres darauf setzen oder alle drei Papierlagen des Motivs aufkleben (hierbei muss jedoch besonders sorgfältig gearbeitet werden, da mehrlagiges Papier leicht Falten bildet).

Die fertigen Objekte können mit einer dünnen Schicht Lack versiegelt werden. Je nach Geschmack matten oder glänzenden Lack verwenden und sorgfältig mit dem Pinsel auftragen.

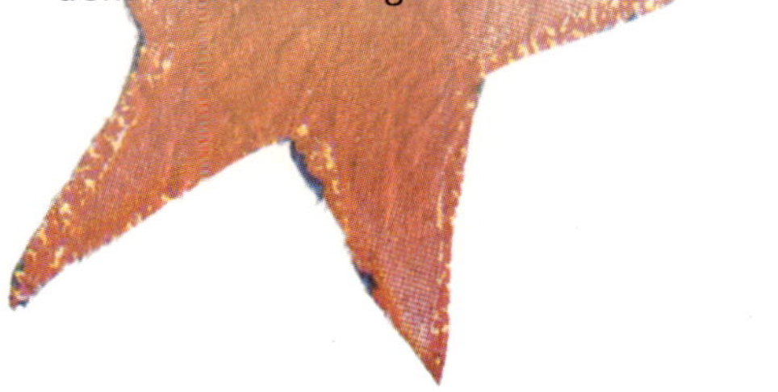

Lichter

Material

Blumentöpfe in verschiedenen Größen
Servietten mit bunten Sternen
Acrylfarbe weiß, silber, perlmuttfarben
Schere, Spezialkleber
Pinsel
Dekosand
Kerzen, Teelichter

Zunächst die Blumentöpfe innen und außen weiß grundieren und trocknen lassen. Anschließend die Sterne in der gewünschten Anzahl aus den Servietten ausschneiden und die beiden unteren Papierlagen entfernen. Die Außenseite der Blumentöpfe gleichmäßig mit Spezialkleber bestreichen und die Motive auflegen. Das Serviettenpapier wird mit dem Pinsel oder den Fingern von der Mitte zum Rand hin sanft ausgestrichen. Nach dem Trocknen die Motive mit einer weiteren Schicht Spezialkleber überstreichen und wiederum trocknen lassen.

Nun wird der weiße Untergrund rund um die Motive silbern oder perlmuttfarben angemalt. Nach dem Trocknen der Farbe die Töpfe mit farblich passendem Dekosand füllen und Kerzen oder Teelichter hineinstellen.

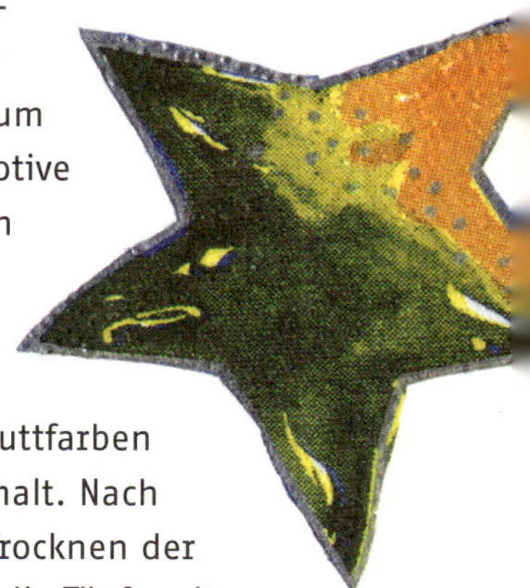

Schneekristalle

Material

Fotokarton weiß
Servietten mit Schneekristallen
Schere, Spezialkleber
Pinsel
Schaschlikspieße
Acrylfarbe silber
Alleskleber

Zunächst die Kristalle in der gewünschten Anzahl mit etwas Zugabe aus den Servietten ausschneiden und die beiden unteren Papierlagen entfernen. Dann den Fotokarton gleichmäßig mit Spezialkleber bestreichen und die Motive auflegen. Das Serviettenpapier mit dem Pinsel oder den Fingern von innen nach außen behutsam ausstreichen. Nach dem Trocknen der Motive eine weitere Schicht Kleber auftragen und wiederum gut durchtrocknen lassen. Anschließend die Kristalle vorsichtig entlang den Konturen ausschneiden.

Tipp:
Zusammen mit silbern glänzenden Kugeln verwandeln die Schneekristalle Topfpflanzen in eine reizvolle weihnachtliche Dekoration.

Die Schaschlikspieße mit silberner Acrylfarbe bemalen und trocknen lassen. Das obere Ende der Spieße jeweils mit Alleskleber auf der Rückseite der Kristalle befestigen.

Tischdekoration

Material
Glanzkarton gold
dünner Bristolkarton
Servietten mit Engelmotiven
Lineal, Bleistift
Bastelmesser, Schere
Spezialkleber, Pinsel,
Alleskleber

Für die Tischkarten aus dem goldenen Glanzkarton 10 cm lange und 9 cm breite Rechtecke in der gewünschten Anzahl mit dem Bastelmesser ausschneiden. Entlang der waagerechten Mittelachse eine Linie ziehen (siehe Zeichnung) und diese leicht mit dem Bastelmesser einritzen. Die Rechtecke entlang der Linie falten.

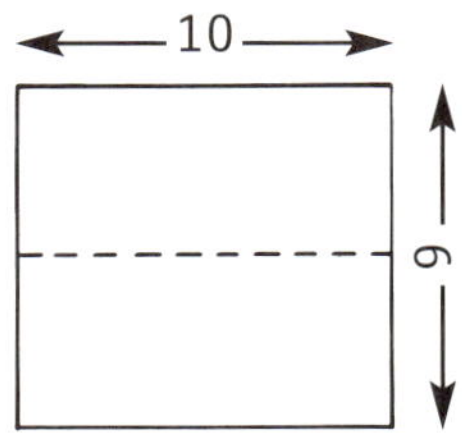

Anschließend aus dem goldenen Karton 16 cm lange und 3,5 cm breite Streifen für die Serviettenringe zuschneiden. Die Streifen jeweils zu einem Ring biegen und an den Schmalkanten zusammenkleben (siehe Zeichnung).

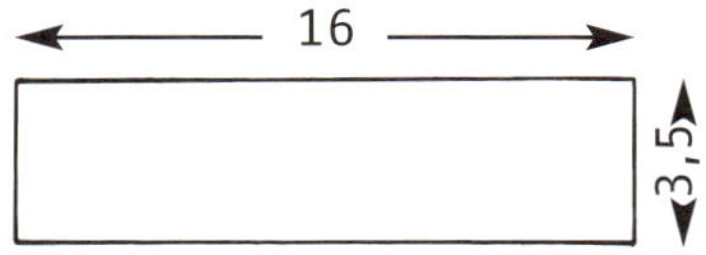

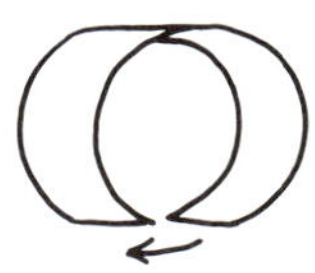

Verschiedene Engelmotive mit etwas Zugabe aus den Servietten ausschneiden und die beiden unteren Papierlagen entfernen. Dann den Bristolkarton gleichmäßig mit Spezialkleber bestreichen und die Motive auflegen. Das Serviettenpapier mit dem Pinsel oder den Fingern von innen nach außen behutsam ausstreichen. Nach dem Trocknen der Motive eine weitere Schicht Kleber auftragen und wiederum gut durchtrocknen lassen. Danach die Engel entlang den Konturen ausschneiden.
Zum Schluss werden die Engelmotive mit Alleskleber auf den Tischkarten und Serviettenringen befestigt.

Blumenübertopf

Material
viereckiger Blumenübertopf aus Holz
Servietten mit Christrosen und Ilexzweigen
Acrylfarbe weiß, rot, gold
Schere
Spezialkleber
Pinsel
Klar-/Mattlack

Zunächst den Übertopf außen und innen weiß grundieren und gut trocknen lassen. Die vier Außenseiten des Übertopfes werden abwechselnd mit Christrose und Ilexzweig dekoriert. Dafür zwei Christrosen und zwei Ilexzweige aus den Servietten ausschneiden und jeweils die beiden unteren Papierlagen entfernen. Anschließend den Untergrund gleichmäßig mit Spezialkleber bestreichen und die Motive auflegen. Das Serviettenpapier mit dem Pinsel oder den Fingern von innen nach außen behutsam ausstreichen. Nach dem Trocknen die Motive mit einer weiteren Schicht Spezialkleber überstreichen und wiederum gut durchtrocknen lassen.

Nun wird der weiße Untergrund rund um die Motive mit goldener Acrylfarbe angemalt. Dabei die Farbe ruhig etwas unregelmäßig auftragen, sodass der Topf ein antikes Aussehen erhält. Der obere Rand und die Innenseiten werden mit einem roten Anstrich versehen.
Zum Schluss den Topf mit Lack versiegeln.

Weihnachtliche Schachteln

Material

kleine runde und ovale Pappschachteln
Servietten mit Früchten, Ilexzweigen und Tannenzapfen
Schere, Spezialkleber
Pinsel
Acrylfarbe weiß, gold

Einen Tannenzapfen aus der Serviette ausschneiden und die unteren beiden Papierlagen entfernen. Den Deckel der ovalen Schachtel gleichmäßig mit Spezialkleber bestreichen und das Motiv auflegen. Das Papier mit den Fingern oder dem Pinsel von innen nach außen vorsichtig ausstreichen. Nach dem Trocknen das Motiv nochmals mit Spezialkleber überstreichen und wiederum trocknen lassen. Anschließend den Deckelrand mit goldener Acrylfarbe bemalen und auf die übrige Fläche der Schachtel kleine goldene Punkte auftupfen.

Die Außenfläche der runden Schachtel mit weißer Acrylfarbe grundieren und gut trocknen lassen. Früchte und Ilexzweige aus den Servietten ausschneiden und die beiden unteren Papierlagen entfernen. Bevor Sie die Motive auf die Schachtel aufkleben, sollten Sie sie probeweise auf dem Untergrund anordnen. Die Schachtel mit Spezialkleber bestreichen und die Motive auflegen. Das Serviettenpapier wird mit den Fingern oder dem Pinsel von der Mitte zum Rand hin sanft glatt gestrichen. Die Motive trocknen lassen, danach nochmals Spezialkleber auftragen und wiederum trocknen lassen. Zum Schluss die Schachtel rund um die Motive mit goldener Acrylfarbe bestreichen.

Girlanden

Material
breites Geschenkband rot, gold
Schreibmaschinenpapier
Servietten mit Nikolausstiefeln und Engeln
Schere, Spezialkleber
Pinsel, Alleskleber

Diese Girlanden können vor das Fenster, an die Tür, an ein Geländer oder an die Wand gehängt oder als festliche Tischdekoration verwendet werden.
Die Nikolausstiefel und die Engel in der gewünschten Anzahl mit etwas Zugabe aus den Servietten ausschneiden und die beiden unteren Papierlagen entfernen. Das Schreibmaschinenpapier gleichmäßig mit Spezialkleber bestreichen und die Motive auflegen. Das Serviettenpapier mit dem Pinsel oder den Fingern von innen nach außen sanft ausstreichen. Nach dem Trocknen der Motive eine weitere Schicht Kleber auftragen und wiederum gut durchtrocknen lassen. Anschließend die Stiefel entlang den Konturen ausschneiden, rund um die Engel eine Wolkenform stehen lassen. Die Bänder in der gewünschten Länge zuschneiden. Die Nikolausstiefel auf dem roten, die Engel auf dem goldenen Band arrangieren und alle Motive mit Alleskleber befestigen.

Blumenvase

Material

grüne Metallvase
Seidenpapier weiß
Serviette mit Weihnachtsmannmotiv
Schere
Spezialkleber
Pinsel
Klar-/Mattlack

Das Weihnachtsmannmotiv mit etwas Zugabe aus der Serviette ausschneiden und die beiden unteren Papierlagen entfernen. Damit die Farben des Motivs besser zur Geltung kommen, wird der Weihnachtsmann zunächst auf weißes Seidenpapier aufgebracht. Dazu das Seidenpapier gleichmäßig mit Spezialkleber bestreichen und das Motiv auflegen. Das Serviettenpapier mit den Fingern oder dem Pinsel von innen nach außen glatt streichen. Nach dem Trocknen das Motiv entlang den Konturen ausschneiden. Anschließend Spezialkleber auf die Vase auftragen und das Motiv in der gewünschten Position vorsichtig auf den Untergrund drücken. Das Papier wird von der Mitte zum Rand hin vorsichtig ausgestrichen. Den Kleber trocknen lassen, dann das Motiv nochmals mit Spezialkleber überstreichen und wiederum trocknen lassen. Zuletzt die Vase mit Lack versiegeln.

Kerzenhalter mit Apfelmotiv

Material

Terrakottatöpfe
Serviette mit Apfelmotiven
weiße und dunkelrote Acrylfarbe
großer und kleiner Pinsel
Krakelierlack
Kreppband
Schere
Spezialkleber
roter Lackstift

Ein roter Winterapfel verkündet das Nahen des Weihnachtsfestes und setzt farbenfrohe Akzente auf diesen Kerzenhaltern. Grundieren Sie den Terrakottatopf zunächst mit weißer Acrylfarbe und lassen Sie die Farbe trocknen. Dann tragen Sie dünn und gleichmäßig Krakelierlack auf, um die Topfoberfläche antik aussehen zu lassen. Wenn der Lack vollständig getrocknet ist, streichen Sie den Topf mit dunkelroter Acrylfarbe und lassen diese ebenfalls gut trocknen. Für den farblich abgesetzten Motivuntergrund auf der Vorderseite ein der Größe des Apfels entsprechendes Viereck mit Kreppband markieren, mit weißer Acrylfarbe überstreichen und trocknen lassen. Anschließend das Apfelmotiv aus der Serviette ausschneiden und die beiden unteren Papierlagen entfernen. Die Vorderseite des Topfes mit Spezialkleber grundieren und das Motiv aufbringen. Streichen Sie das Papier mit dem Pinsel oder den Fingern von innen nach außen behutsam aus. Nach dem Trocknen des Spezialklebers den oberen und unteren Rand des Topfes mit dünnen weißen Zierlinien versehen, danach mit roten Lackstift einen feinen Rahmen um den Apfel setzen. Zum Schluss die Topfoberfläche mit Spezialkleber versiegeln.

Windlichter

Material
zylindrische Gläser in verschiedenen Größen
Servietten mit Goldmotiv
Schere
Spezialkleber
Pinsel

Aus einfachen, zylindrischen Trinkgläsern lassen sich mit nur wenig Aufwand effektvolle Windlichter gestalten. Servietten mit fortlaufenden ornamentalen Mustern sind dafür besonders geeignet. Schneiden Sie die Servietten der Höhe und dem Umfang des jeweiligen Glases entsprechend mit der Schere zu. Das Glas gleichmäßig mit Spezialkleber grundieren, dann die oberste Lage der zurechtgeschnittenen Serviette ablösen und entlang der oberen oder unteren Kante auf das Glas aufbringen. Die Serviette vorsichtig mit dem Pinsel oder den Fingern von der Mitte zum Rand hin glatt streichen. Nach dem Trocknen die Oberfläche mit Spezialkleber versiegeln. Besonders dekorativ wirkt ein Arrangement aus mehreren unterschiedlich großen Gläsern mit verschiedenen Musterabschnitten.

Teller mit Engeln

Material

Holzteller
Serviette mit Engeln
dunkelrote Acrylfarbe
Pinsel
Schellack
Anlegemilch
Blattmetall in Gold
transparente matte Acrylfarbe
Schere
Spezialkleber

Grundieren Sie die gesamte Tellerfläche mit roter Acrylfarbe. Nach dem Trocknen der Farbe den Teller mit einer Schicht Schellack versiegeln.
Sobald der Schellack ausgehärtet ist, die Anlegemilch mit einem Pinsel auf den Tellerrand auftragen. Um Unregelmäßigkeiten auf der Oberfläche zu vermeiden, sollte die Anlegemilch dünn und gleichmäßig aufgebracht werden. Nach einer Trockenzeit von 12 bis 15 Minuten das Blattmetall mit dem Pinsel auf den Rand aufbringen. Überschüssiges Blattmetall mit dem Pinsel abtragen. Anschließend versiegeln Sie den Tellerrand mit transparenter Acrylfarbe.

Danach das Engelmotiv mit der Schere aus der Serviette ausschneiden. Die Tellermitte mit Spezialkleber bestreichen und die oberste Papierlage des Motivs darauf applizieren. Mit den Fingern oder dem Pinsel von der Mitte zum Rand hin vorsichtig ausstreichen. Nach dem Trocknen das Motiv mit transparenter Acrylfarbe versiegeln.

Jutesack mit Engeln

Material
Jutesack
Serviette mit Engeln
heller Baumwollstoff in passender Größe
Haftvlies
Stickgarn in Gold
Sticknadel
Schere
Spezialkleber
Teller
Pinsel

Dieser mit Serviettenmotiven dekorierte Jutesack passt gut in die Weihnachtszeit und kann bei Bedarf bei 30° mit der Hand gewaschen werden.

Verstärken Sie zunächst ein quadratisches Stück Baumwollstoff mit Haftvlies und bügeln Sie es auf die Vorderseite des Jutesackes.
Umsticken Sie anschließend den Stoffrand mit goldfarbenem Stickgarn.
Das Engelmotiv einschließlich des Goldrahmens aus der Serviette ausschneiden und die beiden unteren Papierlagen entfernen. Verdünnen Sie den Spezialkleber auf einem Teller mit etwas Wasser, um ihn streichfähiger zu machen.
Legen Sie den Jutesack auf eine feste Unterlage und platzieren Sie das Bild mittig auf dem hellen Baumwollstoff.

Bestreichen Sie dann das Motiv von der Mitte zum Rand hin vorsichtig mit Spezialkleber, bis es glatt auf der Unterlage haftet. Falten oder Lufteinschlüsse können mit den Fingern ausgestrichen werden.
Lassen Sie das Serviettenpapier und den Stoff gut trocknen und überziehen Sie das Motiv anschließend mit einer dünnen Schicht Spezialkleber.

Engel im Goldrahmen

Material
Holzbilderrahmen
Serviette mit Engel
rote und cremeweiße Acrylfarbe
Pinsel
Schellack
Anlegemilch
Blattmetall in Gold
Schere
transparente matte Acrylfarbe

Den Bilderrahmen zunächst von der Rückwand lösen und mit roter Acrylfarbe grundieren. Nach dem Trocknen der Farbe wird die Oberfläche mit einer dünnen Schicht Schellack bestrichen. Sobald der Schellack ausgehärtet ist, die Anlegemilch mit dem Pinsel dünn und gleichmäßig auf den Bilderrahmen auftragen. Nach einer Trockenzeit von 12 bis 15 Minuten das Blattmetall mit dem Pinsel auf den Rahmen aufbringen, überschüssiges Blattmetall kann am Ende mit dem Pinsel entfernt werden. Danach wird der Goldrahmen mit transparenter Acrylfarbe versiegelt. Die Rückwand mit cremefarbener Acrylfarbe grundieren und trocknen lassen.

Anschließend das Engelmotiv aus der Serviette ausschneiden, die oberste Lage der Serviette ablösen und auf die Rückwand legen.
Transparente Acrylfarbe mit dem Pinsel auf Motiv und Rückwand auftragen, dabei das Papier behutsam von innen nach außen ausstreichen, bis es glatt auf dem Untergrund haftet.
Nach dem Trocknen des letzten Anstrichs den Bilderrahmen wieder an der Rückwand befestigen.

Nicht nur Kindern macht das kreative Bearbeiten von Heu und anderen Naturmaterialien Spaß und Freude, sondern auch uns Erwachsenen, die wir den Bezug zur Natur vielleicht schon etwas verloren haben.
Holen Sie sich die duftende Natur ins Haus! Lassen Sie sich von dem kreativen Naturmaterial inspirieren und schaffen Sie neue, fantasievolle Figuren zur Dekoration von Wohnung, Haus und Garten oder als witziges Geschenk für Ihre Freunde!

Gestalten mit Heu und Stroh

Material & Werkzeug

Für ein erfolgreiches Basteln benötigen Sie – neben Fantasie, Kreativität und Ausdauer – die richtigen Materialien und die geeigneten Werkzeuge.
Im Folgenden sind die Grundmaterialien aufgeführt. Detaillierte Angaben finden Sie bei den Beschreibungen der einzelnen Figuren. Viele der genannten Materialien können natürlich auch durch ähnliche ersetzt werden.

Heu, der Hauptbestandteil der Figuren, ist in seiner Beschaffenheit sehr verschieden. Pflanzliche Zusammensetzung, Erntezeitpunkt und Lagerung bestimmen die Qualität dieses Materials. Besonders angenehm ist das Arbeiten mit sehr weichem grünem Heu. Einige Figuren lassen sich besser mit kürzerem, andere mit längerem Heu formen. Wenn Sie nicht auf Heu aus dem eigenen Garten zurückgreifen können, erhalten Sie dieses auch im Zoofachhandel oder auf dem Bauernhof.

Stroh verwenden Sie zum Umhüllen von größeren Gegenständen vorwiegend für die Außendekoration. Es ist gegen Witterungseinflüsse unempfindlicher und lässt sich sehr gut begrünen. Es ist allerdings nicht so formbar wie Heu und lässt sich schlechter binden. Stroh erhalten Sie im Zoofachhandel oder auf dem Bauernhof.

Holzwolle benötigen Sie vorwiegend zum Formen der Grundkörper größerer Figuren. Holzwolle ist ein gängiges Verpackungsmaterial und deshalb häufig preiswerter als Heu. Außerdem ist sie witterungsbeständiger und lässt sich sehr gut mit Spray- oder Acrylfarben einfärben. Sie ist allerdings nicht so gut formbar wie Heu.

Andere Materialien wie Bast, Kokosfaser und Moos lassen sich bei einigen Figuren an Stelle von oder in Kombination mit Heu verwenden, sind allerdings entweder nicht so fein und biegsam oder nicht so stabil und strapazierfähig wie dieses. Zur Dekoration der Figuren eignen sich Trockenblumen und andere getrocknete Pflanzenteile, Kokosfasern, Bast, Baumscheiben, Moos, Blütenblätter, Sämereien, Schleifenbänder, Flowerhair, Federn usw. All dies finden Sie in gut sortierten Blumenläden oder Gartencentern. Glas-, Kugel- und Wackelaugen sowie Kunststoffnasen sind im Bastelfachhandel erhältlich. Duftende Kräuter und Gewürze findet man in Lebensmittelgeschäften. Und Äste, Zweige, Borke und Tannenzapfen gibt es in großer Vielfalt in Garten, Wald und Flur.

Wickeldraht, blau geglüht, mit einem Durchmesser von 0,5 bis 0,65 mm, wird zum Binden und Formen der Figuren verwendet. Wickeldraht in den Farben Grün, Gold, Silber und Kupfer mit einem Durchmesser von 0,25 bis 0,5 mm setzt zusätzliche farbliche Akzente. Wählen Sie die Farben des Drahts nach eigenem Belieben aus. Sämtliche Wickeldrähte sind in Bastelgeschäften, Baumärkten oder Blumenläden erhältlich.

Als **Werkzeug** benötigen Sie verschiedene Scheren, z. B. Garten- und Haushaltsscheren, zum Schneiden der Naturmaterialien, eine Kombizange oder Drahtschere zum Durchtrennen der Drähte, eine Säge zum Zuschneiden von dickerem Holz, ein Messer zum Schnitzen, einen kleinen Schraubenzieher, um Löcher zu stechen, einen schwarzen Faserschreiber zum Anmalen der

Kugelaugen, Acrylfarbe sowie Dekosprühfarbe.
Eine Heißklebepistole hat sich zum Befestigen der verschiedenen Accessoires bewährt. Wegen der hohen Verletzungsgefahr sollte beim Basteln mit kleinen Kindern jedoch als Alternative ein Alleskleber verwendet werden.
Die Figuren werden in unterschiedlichen Techniken gefertigt, die aber viele gemeinsame Handgriffe aufweisen. Beide Bindetechniken werden zunächst an einem Beispiel vorgestellt.
Die Größenangaben im Materialkasten beziehen sich auf die auf dem Foto abgebildeten Figuren und dienen Ihnen zur Orientierung.
Bevor ich Ihnen die Bindetechniken vorstelle, hier noch ein paar *allgemeine Tipps und Hinweise:*

- Je größer die Figuren, umso stärker sollte der Wickeldraht sein.

- Große Figuren benötigen zur Stabilisierung ein Grundgerüst, z.B. aus Holz, Metall oder Kunststoff, welches mit Heu, Stroh oder Holzwolle umwickelt wird.

- Zu Beginn des Bindevorgangs wickeln Sie den Draht mehrmals an derselben Stelle um Heu, Stroh oder Holzwolle. Auf diese Weise wird das Drahtende fixiert.

- Wickeln Sie den Draht immer sehr fest um das Heu etc. So erhalten die Figuren die nötige Stabilität, um laufen, stehen oder auch sitzen zu können, und die Glieder lassen sich besser zurechtbiegen.

- Kontrollieren Sie während des Bindens öfter die Festigkeit des Drahts, indem Sie mit einem Finger in die bereits gewickelten Schlaufen fassen, daran ziehen und den Draht so weit wie möglich verdrillen.

- Sollte Ihnen der Draht während des Bindens ausgehen, verdrehen Sie einfach das Drahtende mit dem Anfang der neuen Rolle.

- Um der Figur Plastizität zu verleihen, ziehen Sie den Draht beim Wickeln unterschiedlich stark fest, flachen das Heu etc. bei Bedarf durch Andrücken ab und binden an den gewünschten Stellen loses Heu etc. büschelweise mit Draht an.

- Wenn Heu angebunden wird, um die Glieder bzw. Körperteile der Figur zu verlängern oder mit dem Rumpf zu verbinden, wird es an einem Ende einmal gefaltet und mit der glatten Kante angelegt.

- Den Draht während des gesamten Bindevorganges nicht durchtrennen, es sei denn, es wird ausdrücklich darauf hingewiesen.

- Nach Beendigung des Bindevorgangs durchtrennen Sie den Draht mit einer Kombizange (oder Drahtschere) und stecken das Drahtende in die Figur.

- Wenn Sie frisches Holz, z. B. für Schnäbel und Beine der Figuren, verwenden, sollten Sie nach einiger Zeit die Befestigung kontrollieren.

- Mischen Sie das Heu zusätzlich mit Duftkräutern, z. B. Minze, Melisse, Duftblattpelargonien, Thymian oder Salbei. Auf diese Weise erzielen Sie einen angenehmen Duft.

- Die „Lebenserwartung" der Figuren beträgt viele Jahre. Allerdings kann sich das Heu farblich verändern. Mit Klarlack besprüht, erhöht sich die „Lebensdauer" der Figuren im Freien. Sie sollten aber in den kühleren Jahreszeiten vorsichtshalber vor der Witterung geschützt werden.

Weihnachtsmäuse

Material

Größe: ca. 25 cm Länge
Heu, Wickeldraht, Pimentkorn, Wackelaugen, gefärbte Kokosfasern, Watte
Kleber, Kombizange, Schere

Bei der gliederformenden Bindetechnik werden die Glieder der Figur (Arme und Beine) sowie der Kopf- und Schwanzansatz aus dem Heu des Rumpfes geformt. Lediglich für Kopf und Schwanz wird in der Regel zusätzlich Heu angebunden. Achten Sie darauf, dass Sie den Draht beim Formen der Glieder ganz dicht und fest wickeln, damit die Figur die notwendige Stabilität erhält.
Für den Rumpf der Maus nehmen Sie eine Hand voll längeres Heu sowie eine Rolle mit Wickeldraht und halten das Drahtende mit dem Zeigefinger der Hand, die auch das Heu hält, mittig auf den Heupacken. Umwickeln Sie mehrmals diese Stelle, bis das Drahtende befestigt ist. Jetzt umwickeln Sie das Heu etwa 5 cm nach beiden Seiten spiralförmig und fest mit dem Draht (Abb. 1).
Für die zwei Hinterbeine und den Schwanzansatz teilen Sie eines der beiden losen Heuenden in drei Teile. Falten Sie einen Teil auf etwa 5 cm Länge und umwickeln Sie ihn, beim Mäuserumpf beginnend, in kleinen Windungen zum Fußende hin und wieder zurück mit dem Draht. Das Gleiche machen Sie mit dem zweiten Bein (Abb. 2).
Für den Schwanz nehmen Sie etwas längeres Heu, halten es überlagernd an den dritten Teil und verbinden beides durch festes Umwickeln mit Draht vom Schwanzansatz bis zur Spitze und wieder zurück (Abb. 3).
Dann wickeln Sie den Draht in großen Windungen zum Vorderteil des Rumpfes zurück und teilen das lose Heuende für die zwei Vorderbeine und den Kopfansatz ebenfalls in drei Teile. Formen Sie die Vorderbeine, wie oben beschrieben, mit Draht.
Bevor Sie im Folgenden den Kopf gestalten, bringen Sie die Maus durch Zurechtbiegen der Glieder in ihre Endposition.
Für den Mäusekopf nehmen Sie etwas Heu, falten ein Ende und legen dieses auf das lose Heu des Kopfansatzes. Verbinden Sie den Kopf mit dem Rumpf, indem Sie die Überlagerungsstelle spi-

ralförmig mit Draht umwickeln. Der gefaltete Teil muss dabei etwas überstehen, damit aus ihm die Ohren gestaltet werden können (Abb. 4).
Teilen Sie den gefalteten Bereich mittig durch Über-Kreuz-Wickeln des Drahts und formen Sie nacheinander beide Ohren, indem Sie das Heu jeweils durch Andrücken abflachen und mit Draht umwickeln (Abb. 5).
Formen Sie nun den Kopf durch spiralförmiges Umwickeln mit Draht. Da sich das Kopfende zur Nasenspitze hin verjüngt, wickeln Sie den Draht zur Spitze hin fester oder entfernen etwas Heu.
Sind Sie mit den Körperformen Ihrer Maus zufrieden, durchtrennen Sie den Draht mit einer Kombizange und stecken das Ende in die Figur. Bei Bedarf legen Sie am Rumpf zusätzlich Heu an und befestigen es durch spiralförmiges Umwickeln mit Draht. Schneiden Sie überstehendes Heu mit einer Schere ab und fixieren Sie die Pimentkorn-Nase und die Wackelaugen mit einer Klebepistole oder mit Alleskleber. Formen Sie aus den rot gefärbten Kokosfasern eine Mütze und kleben Sie sie auf den Kopf der Maus. Abschließend kleben Sie eine Wattekugel auf die Mütze.
Die Handgriffe sind für beide Mausfiguren im Prinzip identisch. Legen Sie bei der auf vier Beinen stehenden Maus lediglich den Kopf gerader an.

Elchtrophäe

Material

Größe: ca. 30 cm Länge,
40 cm Höhe
Heu, Wickeldraht,
Kugelaugen, Zweige, Baumscheibe
Kleber, Kombizange, Schere,
Gartenschere, schwarzer Faserstift, Bohrer

Die Rundwickel-Bindetechnik wird bei kugelförmigen Figuren angewandt. Das Prinzip des Bindens ähnelt der gliederformenden Bindetechnik, da die Glieder bzw. Körperteile meistens aus dem Heu des Rumpfes geformt oder durch Anbinden von zusätzlichem Heu angelegt werden. Der Draht wird aber bei runden oder halbrunden Körperformen immer über Kreuz gewickelt, damit sich die Drahtschlaufen nicht lösen.
Für die Schnauze des Elchs umgreifen Sie mit einer Hand ein großes Büschel längeres Heu. Falten Sie, an einem Ende beginnend, in kleinen Schritten zwei Drittel des Heus zu einer Kugel. Nehmen Sie die Drahtrolle, halten Sie das Ende des Drahts mit dem Zeigefinger der Hand, die auch das Heu hält, fest und wickeln Sie den Draht mehrmals an derselben Stelle um den Übergangsbereich von Kugel und losem Heu. Die Kugel ist jetzt fixiert (Abb. 1).
Umwickeln Sie die Schnauze über Kreuz mit Draht und flachen Sie sie durch Andrücken des Heus etwas ab (Abb. 2).
Dann nehmen Sie eine weitere Hand voll Heu, falten ein Ende, legen dieses an das lose Ende der Schnauze und verbinden beides durch spiralförmiges Umwickeln mit Draht. Der Kopf sollte jetzt auf einer Länge von ca. 20 cm umwickelt sein (Abb. 3).

Für die Ohren nehmen Sie nacheinander jeweils etwas Heu, falten es mittig und befestigen das lose Ende am Hinterkopf, indem Sie die Überlagerungsstelle über Kreuz mit Draht umwickeln. Gestalten Sie die Ohren durch Über-Kreuz-Wickeln mit Draht und gleichzeitiges Abflachen des Heus weiter aus (Abb. 4).

Für den Nackenansatz falten Sie ein Bündel Heu, an einem Ende beginnend, vollständig zu einer Kugel. Dann legen Sie die Kugel hinter die Ohren auf den Hals und verbinden sie durch spiralförmiges und Über-Kreuz-Wickeln mit Draht fest mit Ohren, Stirn und Hals (Abb. 5).

Damit der Halsansatz eine feste und ebene Klebefläche erhält, umwickeln Sie diese mehrmals über Kreuz mit Draht (wobei Sie den Draht auch um Hinterkopf, Ohren und Stirn binden). Pressen Sie dabei die Klebefläche mehrmals auf eine ebene Unterlage (Abb. 6). Durchtrennen Sie den Draht mit einer Kombizange und stecken Sie das Drahtende in die Figur. Schneiden Sie das überstehende Heu mit einer Schere ab. Für die Wandbefestigung bohren Sie ein Loch in die Baumscheibe und kleben den Elchkopf mit dem Halsansatz auf.

Kleben Sie die Kugelaugen an und malen Sie die Pupillen mit einem schwarzen Faserstift. Für das Geweih spitzen Sie die unteren Enden der Zweige an, stecken die Zweige zwischen die Ohren und kleben sie zusätzlich fest.

Engel

Material

Größe: ca. 45 cm Höhe
Technik: Rundwickel-Bindetechnik
Heu, Wickeldraht,
Flowerhair, Federflügel,
Federkranz,
Glaswindlicht
Kleber, Kombizange,
Schere

Für den Rumpf nehmen Sie eine Hand voll längeres Heu und umwickeln drei Viertel spiralförmig mit Draht. Nehmen Sie eine weitere Hand voll längeres Heu, falten Sie ein Drittel in kleinen Schritten und verbinden Sie den dünneren losen Teil mit dem losen Teil des Rumpfes, indem Sie den Übergangsbereich mehrmals mit Draht umwickeln. Der dickere Teil ist nach unten gerichtet. Umwickeln Sie das Heu spiralförmig mit Draht. Wiederholen Sie den Vorgang etwa viermal, bis Sie einen Kegel geformt haben. Damit der Engel eine feste und ebene Standfläche erhält, wickeln Sie den Draht mehrmals über Kreuz um Standfläche und Engelstaille und pressen die Standfläche auf eine ebene Unterlage.
Für den Oberkörper nehmen Sie eine Hand voll Heu, falten ein Ende und verbinden dieses mit dem schmalen losen Ende des Rumpfes (Engelstaille), indem Sie die Verbindungsstelle mehrmals mit Draht umwickeln.
Nehmen Sie eine weitere Hand voll längeres Heu, falten Sie ein Drittel in kleinen Schritten und verbinden Sie den dünneren losen Teil mit dem losen Teil des Rumpfes. Der dickere Teil ist nach oben gerichtet. Umwickeln Sie den Oberkörper spiralförmig und über Kreuz mit Draht. Bei Bedarf wiederholen Sie diesen Vorgang.
Für den Kopf nehmen Sie ein Büschel längeres Heu, falten ein Ende und verbinden es mit dem Oberkörper, indem Sie den Übergangsbereich mehrmals mit Draht umwickeln. Falten Sie das lose Ende des Kopfes in kleinen Schritten zu einer Kugel und umwickeln Sie diese spiralförmig und über Kreuz mit Draht.
Für die Arme nehmen Sie jeweils etwas längeres Heu, falten ein Ende und verbinden dieses im rechten Winkel mit dem Rumpf, indem Sie den Überlagerungsbereich mehrmals mit Draht umwickeln. Umwickeln Sie den Arm, vom Rumpf beginnend, in kleinen Windungen spiralförmig bis zu einer Länge von etwa 15 cm mit Draht, falten Sie das lose Heuende und wickeln Sie den Draht wieder zurück.
Wiederholen Sie den Vorgang für den zweiten Arm. Verbinden Sie die Arme, indem Sie sie im Bereich der Hände fest mit Draht umwickeln.
Durchtrennen Sie den Draht mit einer Kombizange und stecken Sie das Ende in die Figur. Schneiden Sie überstehendes Heu mit einer Schere ab. Kleben Sie das Glaswindlicht zwischen die Hände des Engels und fixieren Sie die Federflügel, das Flowerhair und den Federkranz mit Kleber.

Weihnachtsbaum

Material

Größe: ca. 200 cm Höhe
Holzwolle, Heu, Wickeldraht, Golddraht,
Gips, Tontopf,
Ast, Moos;
Zimtstangen, Sternanis, Lavendel, Ingwer,
getrocknete Apfelscheiben, rot gefärbte Blätter, roter Pfeffer, Nüsse,
Weidenstern auf Stab
Kleber, Kombizange, Schere, Säge, Messer

Nehmen Sie einen großen Packen Holzwolle und formen Sie einen spitzen, etwa 150 cm hohen Kegel, indem Sie die Holzwolle spiralförmig mit Draht umwickeln. Verbreitern Sie den unteren Bereich, indem Sie dort zusätzliche Holzwolle anbinden. Formen Sie den Kegel durch unterschiedlich festes Wickeln des Drahts und Pressen der Holzwolle. Damit der Baum eine feste und gerade Unterseite erhält, wickeln Sie den Draht mehrmals über Kreuz um Unterseite und Spitze und pressen die Unterseite auf eine ebene Unterlage.
Sind Sie mit der Baumform zufrieden, umwickeln Sie den Baumkegel mit Heu, indem Sie von oben nach unten flächendeckend Heubüschel mit Draht anbinden.

Arbeiten Sie gründlich, damit keine Holzwolle mehr zu sehen ist. Durchtrennen Sie den Draht mit einer Kombizange und stecken Sie das Ende in die Figur. Schneiden Sie überstehendes Heu mit einer Schere ab.

Sägen Sie einen etwa 50 cm langen Ast zu. Spitzen Sie ein Ende mit dem Messer an. Rühren Sie eine kleine Tüte Gips mit Wasser im Tontopf an. Stellen Sie das stumpfe Ende des Astes gerade in die Masse und lassen Sie es aushärten.

Inzwischen fertigen Sie den Baumschmuck. Nehmen Sie eine Rolle Golddraht und befestigen Sie z.B. Sternanis durch mehrmaliges Umwickeln und Verdrillen des Drahts im Abstand von ca. 5 cm. Basteln Sie eine Kette in der Länge des Baumkegels. Fertigen Sie auf diese Weise weitere Schmuckketten aus Naturmaterialien.

Stecken Sie den Baumkegel auf das spitze Ende des eingegipsten Astes. Stecken Sie den Stab mit dem geflochtenen Weidenstern in die Spitze des Baums. Befestigen Sie die Schmuckketten am Baum, indem Sie sie an einem Ende um den Stab des Weidensterns wickeln. Lassen Sie sie gerade nach unten hängen. Bedecken Sie den Gips im Tontopf mit Moos.

Das Malen und Gestalten mit abziehbarer Fenstermalfarbe gehört seit einiger Zeit zu den beliebtesten Techniken im Hobbybereich. Die einfache Handhabung und der geringe Aufwand ermöglichen es auch dem Anfänger, faszinierende Resultate zu erzielen. Diese zeichnen sich vor allem durch die Transparenz und Leuchtkraft der Farben aus.
Besonders zur Weihnachtszeit erstrahlen Lichter und Kerzen in vollem Glanz und verleihen der winterlichen Jahreszeit ihren festlichen Charakter.

Material & Werkzeug Window Color

Window Color ist eine abziehbare Fensterfarbe, die nach dem Trocknen eine transparente, geschlossene, folienähnliche Oberfläche bildet.
Das Motiv wird zunächst auf einer Folie gearbeitet und kann nach dem Trocknen von dieser problemlos abgezogen werden. Selbstklebend und wieder abnehmbar, lassen sich Gegenstände und Flächen mit einer glatten Oberfläche wirkungsvoll verzieren. Mit Papier oder anderen offenporigen Unterlagen geht die Farbfolie eine feste Verbindung ein und kann nicht mehr abgelöst werden. Die Farbe kann auf manchen Kunststoffflächen abfärben oder mit diesen gar eine feste Verbindung eingehen.
Sowohl der Kontur- als auch der Farbauftrag erfolgen direkt aus der Flasche. Dabei wird die Flasche einem Stift oder Pinsel gleich verwendet und die Farbe durch leichten, möglichst gleichmäßigen Druck aufgebracht.

Das benötigen Sie zum Herstellen eines Window-Color-Bildes

1. Transparentpapier und schwarzen Filzstift.
2. Eine durchsichtige Malfolie aus dem Fachhandel, für kleinere Motive eignen sich auch Prospekthüllen. Die Folien müssen aus Polyethylen (PE) oder Polypropylen (PP) sein. Von PVC-Folien lässt sich das Bild nicht ablösen.
3. Konturfarbe und verschiedene Glasmalfarben.
4. Küchenkrepp, weißes Papier, Holzstäbchen, Zahnstocher, spitze Nadel.

Grundtechnik Window Color

1. Übertragen Sie mit einem schwarzen Filzstift und Transparentpapier das gewünschte Motiv vom Vorlagenbogen auf ein DIN-A4-Blatt. Legen Sie die Vorlage in eine entsprechend große Prospekthülle, am besten DIN A4.
   Für größere Motive erhalten Sie im Fachhandel spezielle Folien. Fixieren Sie größere Vorlagen mit Klebestreifen fest auf einem Karton und legen Sie das Ganze unter die Folie. So kann sich während der Arbeit das Motiv nicht verschieben.

2. Die abgepausten Umrisse mit Konturfarbe direkt aus der Flasche nachziehen. Dabei die Spitze auf die Folie setzen, mit leichtem Druck die Farbe zu einem kurzen Farbstrang ziehen und an der Linie entlangführen. Am Ende den Druck beenden und den Farbstrang am Konturende ablegen. Eventuell entstandene Lücken mit Konturfarbe schließen. Mit einem Holzstäbchen oder einem Zahnstocher können Sie vorsichtig Korrekturen vornehmen. Den Konturfarbauftrag ca. acht Stunden trocknen lassen.

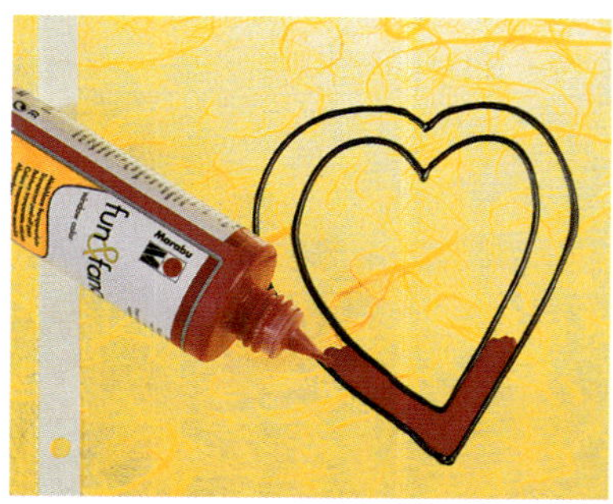

3. Die Flächen innerhalb der Konturlinien mit Farbe ausfüllen, indem Sie die Farbe

direkt aus der Flasche auftragen. Dabei die Farbe mit der Flaschenspitze bis an die Konturlinien führen, um eine feste Verbindung zwischen Linie und Farbauftrag herzustellen. Mit einem Holzstäbchen oder Zahnstocher die Farbe bis in die Konturspitzen führen. Eventuell entstandene Luftblasen mit einer Nadel aufstechen.

4. Das fertig gestaltete Bild je nach Farbauftrag ca. 24 Stunden trocknen lassen. Die Farben werden transparent und leuchtend. Vermeiden Sie es, den eventuell noch feuchten Farbauftrag zu berühren, da dadurch die Oberfläche Narben erhält.

5. Das fertig getrocknete Bild können Sie nun von der Folie abziehen und auf den entsprechenden Untergrund auflegen bzw. mit sanftem Druck aufstreichen.

Engel

Material

Konturen: schwarz, gold

Farben: hautfarbe, mittelbraun, gelb, zitron, lavendel, violett, perlmutt, rubinrot, glitter-gold

Päckchen

Material

Konturen: schwarz, gold
Farben: rubinrot, azurblau, smaragd, glitter-gold
Wellpappe, Windradfolie, Klebstoff

Die Motive in der Grundtechnik arbeiten.

Fertig stellen

Die Wellpappe und die Windradfolie entsprechend zuschneiden. Die gestrichelten Linien um die Motive auf dem Vorlagenbogen entsprechen den Ausschnitten in der Wellpappe. Schneiden Sie für den Ausschnitt eine Schablone aus Pappe und schneiden Sie mit einem Cutter entlang der Schablone die Ausschnitte aus der Wellpappe aus.

Die Windradfolie auf die Rückseite der Wellpappe kleben. An den gepunkteten Linien Folie und Pappe nach hinten falten. Die Motive in den entsprechenden Ausschnitten aufziehen und vorsichtig andrücken.

Tipp:
Mit einem Fotokopierer können die Motive aus dem Vorlagenbogen nach Wunsch vergrößert oder verkleinert werden, um sie so dem Untergrund, den sie schmücken sollen, anzupassen.
Um gegengleiche Motive wie für Fenster oder transparente Gegenstände zu gestalten, kann das Motiv auch seitenverkehrt kopiert und gearbeitet werden. Tragen Sie die Farben satt auf; ist die Farbschicht zu dünn, kann sie beim Ablösen zerreißen.
Halten Sie die empfohlene Trockenzeit ein. Erst wenn die Farben durch das Trocknen ihre endgültige Transparenz erreicht haben, sind sie auch ausreichend stabil.

Leuchtende Krippe

Material
Konturen: schwarz, gold
Farben: bernstein, gelb, rubinrot, zitron, hautfarbe, tannengrün, ultramarinblau, weiß, terrakotta, mittelbraun
Wellpappe, glitzerndes Goldgarn

Auf den noch nassen Farbauftrag des Sterns und des gelben Krippenfelds glitzerndes Metallgarn auflegen. Lassen Sie längere Garnfäden über den Sternbogen herausragen; über die Krippe kleine, wie vom Stern herabgefallene, Stückchen aufstreuen.

Die getrockneten Motive wie unter „Fertig stellen" (Seite 80) beschrieben weiterverarbeiten.

Kerzen im Drehbild

Material
Konturen: gold
Farbe: perlmutt, rubinrot, tannengrün, bernstein
Windradfolie, Schleifenband

Das Motiv nach dem Trocknen auf Windradfolie aufziehen und entlang den Konturlinien ausschneiden. In den äußeren Rand, im Abstand von ca. 2 cm mit dem Cutter Schlitze schneiden und rechts unten beginnend ein Band durch die Schlitze weben. Am Bandende eine dekorative Schleife binden.

Knusperhaus

Material
Konturen: bleimetallic
Farben: bernstein, terrakotta, mittelbraun, weiß, gelb, rubinrot
Windradfolie

Das Motiv nach dem Trocknen auf Windradfolie aufziehen und entlang den Konturlinien ausschneiden, dabei an den seitlichen Hausteilen ca. 1,5 cm Windradfolie stehen lassen (siehe Vorlage). Die seitlichen Konturlinien nach hinten knicken und die Hausteile an den überstehenden Folienkanten auf der Rückseite zusammenkleben. Aus Windradfolie vier Streifen von ca. 1 x 3 cm Länge zuschneiden. Diese an den Enden 1 cm um 90° knicken und die Giebel mit diesen u-förmigen Winkeln an das Häuschen kleben.

Türbogen

Material

Konturen: gold
Farben: rubinrot, glitter-gold
Windradfolie, Perlonfäden

Von jedem Motiv jeweils mehrere arbeiten. Die Sterne, ohne Konturfarbe, und die Herzen nach dem Trocknen auf Windradfolie aufziehen und entlang den Motivrändern ausschneiden. Die Teile mit Perlonfäden aufhängen.

Tipps zu Window Color:
Beschleunigen Sie den Trockenvorgang nicht mit einem Föhn oder anderen Hilfsmitteln, die Oberfläche kann dadurch rissig und ungleichmäßig werden.

Zwischenräume in einem Motiv sollten mit Kristallklar ausgefüllt werden. Dadurch erhält das Bild mehr Festigkeit und lässt sich einfacher auf den gewünschten Gegenstand aufbringen. Einzelne, aus dem Motiv laufende Konturlinien müssen ebenfalls mit Kristallklar mit dem Motiv verbunden werden.

Verlaufen Konturlinien eng nebeneinander oder zu einer Spitze, können Sie mit einem Holzstäbchen oder Zahnstocher die Farbe bis an die Konturlinie führen.
Die Farbe sollte sich mit der Konturlinie verbinden. Prüfen Sie durch vorsichtiges Anheben der Malfolie, ob keine Löcher entstanden sind. Arbeiten Sie gegebenenfalls in den noch nassen Auftrag etwas Farbe ein. Mit einem Holzstäbchen können Sie die Farbe bis an die Konturlinie führen.

Um Farbschattierungen zu erzielen, können Sie die Farben direkt im Motiv mischen.

Luftblasen im Farbauftrag sollten Sie mit einer Nadel in der noch flüssigen Farbe aufstechen.

Schließen Sie alle Window-Color-Flaschen, die Sie nicht mehr oder längere Zeit nicht benutzen, fest, um ein Antrocknen der Farbe zu vermeiden.

Kontur- und Glasmalfarbe sind in feuchtem Zustand wasserlöslich und lassen sich deshalb leicht von Arbeitsgeräten entfernen.
Ist Ihnen ein Motiv zerrissen oder ein Fehler unterlaufen, dann lassen Sie die Farbe austrocknen. Mit einer scharfen Schere oder einem Cutter die beschädigte oder fehlerhafte Stelle ausschneiden, wie gewohnt die neuen Konturlinien gestalten, nach dem Trocknen die Farbflächen ergänzen. In getrocknetem Zustand sehen Sie keine Ansatzpunkte mehr.

Zum Aufbewahren legen Sie fertige Bilder zwischen Klarsichthüllen und umwickeln größere Gegenstände mit Frischhaltefolie. Die Objekte an einem nicht zu warmen Ort aufbewahren.

Transparente Sterne

Ob bei Tag oder bei Nacht, so leuchtet der Sterne Pracht! Auch mit Kindern ist ein Sternenfenster rasch geschaffen.

Material

Transparentpapier in unterschiedlichen Farben
Lineal
Bleistift
Schere
Kleber (transparent)
Klebeband

Tipp:
Für einen 12-strahligen Stern wählt man am besten drei harmonierende Farben.
Für die Befestigung kurze Streifen Klebeband mit der klebenden Seite nach außen zu einem Ring legen und damit den Stern am Fenster anbringen.

1

Der Durchmesser eines Sterns entspricht der Diagonale des Papierquadrats. Die Quadrate auf die bunten Transparentpapiere aufzeichnen und ausschneiden. Alle Quadrate werden zum Mittel- und Diagonalkreuz gefaltet (s. Abb. 1) und wieder entfaltet.

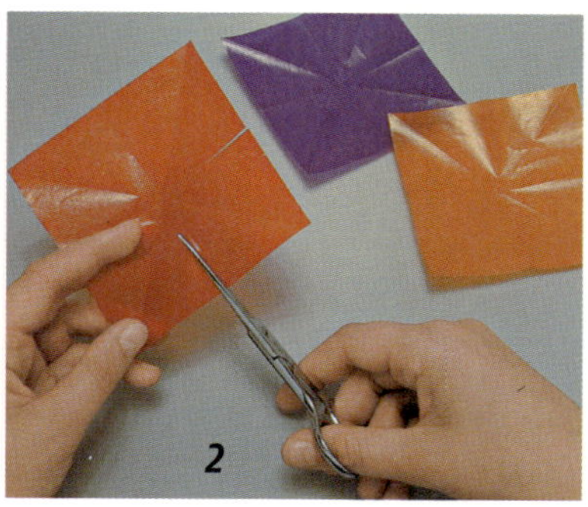

2

Die Faltlinie der Mittelkreuze bis zur Hälfte einschneiden (s. Abb. 2).

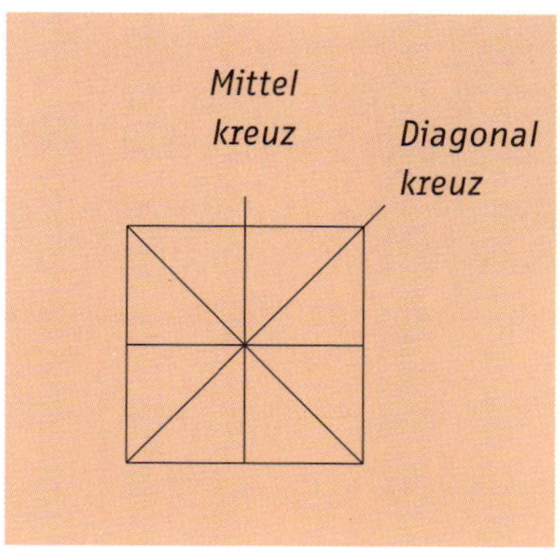

Die Seiten der eingeschnittenen Mittelkreuze an die diagonale Faltline legen, sodass vier Sternspitzen entstehen (s. Abb. 3).

3

In die quadratische Mitte des ersten Sterns ein wenig Kleber geben. Den zweiten Stern mit der quadratischen Mitte nach unten versetzt auf den ersten Stern kleben. In die Mitte des dritten Sterns Kleber geben und diese passgenau auf die beiden ersten Sterne kleben. Beim Aufkleben der Sterne darauf achten, dass die Zacken der Sterne versetzt und die Mittelpunkte aufeinander liegen (s. Abb. 4).

4

Geprägte Sterne

Die Sterne aus Metallfolie glitzern im Kerzenlicht besonders schön. Da sie mit Pappe verstärkt sind, kann man sie als Kerzenumrandung ebenso gut verwenden wie als Weihnachtsbaumschmuck.

Material

Metallfolie in Gold und Silber
fester Karton (Plakatkarton oder gebrauchte Briefumschläge aus Pappe), die Menge hängt von der Größe und Anzahl der Sterne ab,
eventuell Zirkel,
Cutter (ideal: ein skalpellartiges Papiermesser),
Kugelschreiber

Auf dem Vorlagenbogen finden Sie fünfzackige Sterne in unterschiedlichen Größen. Wollen Sie in den Stern eine Kerze oder ein Teelicht stellen, erst deren Durchmesser ausmessen und danach die Sterngröße festlegen.
Übertragen Sie den Sternumriss auf den Karton und zeichnen Sie das Mittelloch in der passenden Größe ein – am besten mit einem Zirkel. Schneiden Sie den Stern aus und legen Sie ihn auf die Rückseite der Folie. Zeichnen Sie mit dem Kugelschreiber alle Konturen nach (auch die des Mittellochs).
Beim Ausschneiden der Sternzacken rundherum 4 mm zugeben, die Folie in den „Sternecken" bis zur Kontur einschneiden, an den Sternzacken schräg schneiden. Das Mittelloch etwa 6 mm kleiner ausschneiden und ringsherum einschneiden.
Die Prägung ist ganz einfach anzubringen. Sie malen auf der Rückseite der Folie mit dem Kugelschreiber die gewünschten Muster auf. Dabei nicht zu fest aufdrücken, sonst durchstoßen Sie die Folie. Am schönsten kommen die ornamentalen Muster zur Geltung, wenn man sie mit möglichst gleich bleibendem Druck aufträgt. Üben Sie das Prägen am besten vorher auf einem Folienrest. So vermeiden Sie, dass Sie immer wieder neue Sterne ausschneiden müssen, weil das Muster misslungen ist.
Legen Sie den Kartonstern auf die Rückseite des geprägten Foliensterns und biegen Sie die Laschen der Zacken und die des Mittellochs um. Dazu benötigt man etwas Fingerspitzengefühl, damit die Prägung nicht beschädigt wird.

Tipp:
Sollen die Sterne, zum Beispiel als Mobile, frei im Raum hängen, kleben Sie einfach zwei gleich große Sterne aufeinander.
Schlichte hohe Kerzen wirken weihnachtlich, wenn man das untere Drittel mit mehreren immer kleiner werdenden Sternen dekoriert.

Geprägte Muster verwandeln einen schlichten Stern aus Metallfolie in ein kleines Kunstwerk. Die Folie gibt es in jedem Bastelgeschäft, und als Prägewerkzeug genügt die Spitze eines Kugelschreibers. Schwierige Muster kann man auf Papier vorzeichnen und dann mit dem Kugelschreiber „durchpausen".

Weihnachtliches Fensterbild

Lassen Sie den Nikolaus durch den verschneiten Wald wandern. Ein einfacher Zugmechanismus macht das bei diesem Fensterbild möglich.

Material

Für den Rahmen: 1 cm dicke Schaumstoffpappe (Größe: 30 x 50 cm)
1 Streifen Schaumstoffpappe (0,5 cm dünn, 30 cm lang, man kann die dickere Pappe durchschneiden)
naturfarbene Mikro-Wellpappe (30 x 24 cm groß)
Sternpailletten
Nähseide
Deko-Perlenkette
Glanzpapierreste in Rot
Für die Szenerie: dunkelgrüner Plakatkarton für die Bäumchen (Größe für 2 Exemplare: 15 x 10 cm), weißer Plakatkarton (10 x 15 cm groß) für den Nikolaus, 2 Zahnstocher, Plakafarbe in Schwarz, Blau, Rot, Watte,
2 kleine und 2 größere Holzkugeln
dünne Goldschnur
Kunstschnee
Klebstoff

Das Fensterbild auf dem Foto ist 30 cm lang und 24 cm hoch. Alle Bestandteile des Bildes (Hintergrund- und Innenkonstruktion, Nikolaus mit „Schlitten", Bäumchen) sind auf dem Vorlagenbogen detailliert aufgezeichnet. Das Foto oben verdeutlicht die Innenkonstruktion.
Alle Linien der „Hintergrundlandschaft" auf die Schaumstoffpappe übertragen. Schneiden Sie den Rahmen samt „Hügellandschaft" aus.
Die Teile für das Innenleben ausschneiden und auf den Hintergrund kleben. Dabei darauf achten, dass die seitlichen „Klötzchen" nur knapp 0,5 cm von dem unteren Innenrahmenstück entfernt sitzen. Den schmalen, 0,5 cm dünnen Pappstreifen der Innenkonstruktion (mit gewellter Oberkante gezeichnet), befestigt man erst, wenn der Schlitten aus Schaumstoffpappe (2 cm hoch, 5,5 cm breit, 1 cm dick) samt bemaltem Nikolaus, der aus Plakatkarton geschnitten wird, fertig ist.
Bevor man den Nikolaus mittels der vorgegebenen Lasche in den Schlitten steckt, eine 70 cm lange, dünne Goldkordel durch das Pappblöckchen ziehen, dann rechts und links der Pappe eine kleine Holzkugel auffädeln und an der Pappe festkleben. Die größeren Kugeln an den Schnurenden befestigen.
Den schmalen Pappstreifen so befestigen, dass man den Nikolaus reibungslos hin und her ziehen kann.
Nun noch die Bäumchen ausschneiden (siehe Vorlagenbogen), mit künstlichem Schnee dekorieren und mit den Zahnstochern im Hintergrund befestigen.
Den Rahmen seitlich rundherum mit Glanzpapier bekleben.
Den Nikolausschlitten einsetzen und das Ganze mit einem Rahmen aus naturfarbener Mikro-Wellpappe versehen. Den Rahmen dekorieren und an den Hintergrund auf Nähseide gefädelte Sternpailletten kleben.

Die Innenkonstruktion dieses Fensterbildes (siehe kleines Foto links oben) ist so beschaffen, dass man eine Figur, hier den Nikolaus, an einer Schnur hin und her ziehen kann.

Der aufgesetzte Rahmen (hier aus Mikro-Wellpappe), die Landschaft und auch die Figur können problemlos nach eigenem Geschmack gestaltet werden.

Kleine Tischlaternen

Material

Metallfolie, Tonpapier, Architektenpapier
Lineal, Schere, Kleber
Pappuntersetzer
Teelichter
Bleistift

Aus der Metallfolie ein Rechteck ausschneiden und in Längsrichtung falten.
An der offenen Längsseite wird ein Rand markiert. Vom Falz bis zu der markierten Linie die Folie einschneiden, auseinander falten und rundbiegen (s. Abb. 1, 2).
An den Rändern wird die Laterne, „Knifflinie" nach außen, zusammengeklebt und leicht gestaucht. Man kann auch mehrere Laternen übereinander kleben.

Kleine Laternen aus buntem Metallpapier sind sehr schöne Anhänger für den Weihnachtsbaum.

Wenn Sie das Lämpchen über ein Teelicht stellen, sollte es auf einem Untersetzer stehen. Diesen können Sie vorher mit Metallfolie bekleben.
Die Lampen aus Tonpapier stellen Sie ebenso her. Kleben Sie jedoch einen Zylinder aus Architektenpapier in die Lampe ein. Der Zylinder hat den gleichen Durchmesser wie die zusammengeklebte Lampe, ist jedoch drei Zentimeter kürzer. Dadurch entsteht die Spreizung des eingeschnittenen Papiers.
Als besonderen Effekt kleben Sie Window-Color-Sterne auf das Architektenpapier. Malen Sie die Sterne nach Anleitung der Hersteller auf eine Prospekthülle. Wenn Sie direkt auf dem Papier malen, wellt es sich durch die Feuchtigkeit der Farbe.

1

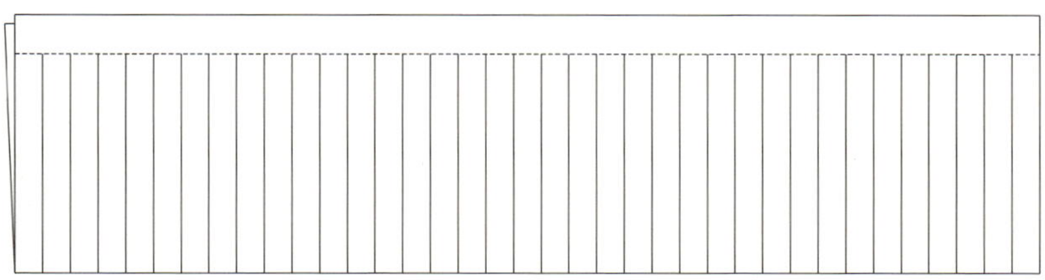

2

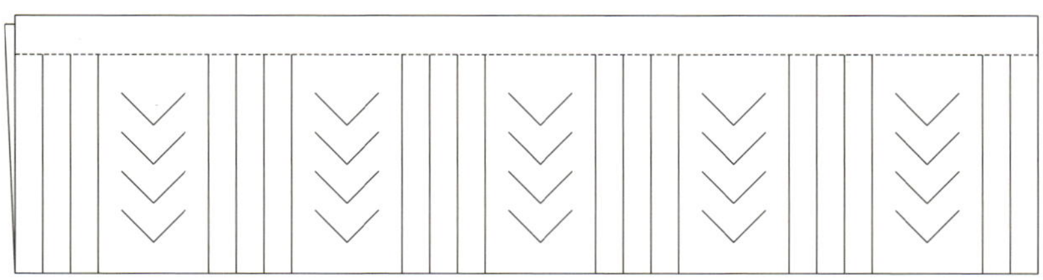

Kreieren Sie weitere Schnittmuster für aparte Leuchten nach Ihrem Geschmack.

Kerzenhalter aus Metallfolie

■ Material

Metallfolie 15 x 15 cm, Schere, Kerze

In ein quadratisches Stück beidseitig goldene Metallfolie ein Mittel- und ein Diagonalkreuz kniffen (Abb. 1). Dann die Ecken in die Mitte und wieder zurückfalten (Abb. 2). Es entsteht ein Quadrat.

Führen Sie die Ecken nun über den Mittelpunkt hinweg an die Linien des entstandenen Kniffquadrates, drücken Sie dabei aber nur die beiden inneren Kniffstücke nieder (Abb. 3). So entsteht ein zweites, inneres Quadrat, das der Boden des Kerzenhalters sein wird.
Die Eckzipfel an der Diagonale bis zum äußeren Quadrat einschneiden (Abb. 4). Drücken Sie das Papier am Rand des inneren Quadrats an allen vier Seiten nach unten zusammen.
Die Kanten dieses Quadrats stehen nun hoch. Drücken Sie gleichzeitig zwei diagonal gegenüberliegende Ecken von außen zusammen und führen Sie diese zur Mitte. Es entsteht ein Stern, in den später die Kerze mit einem Wachstropfen eingeklebt wird.
Die abstehenden Dreiecke nun noch über einen Stift einrollen.

Gefaltete und geschnittene Sterne aus Metallfolie

■ Material

Zweifarbige Metallfolie, Schere, Nadel und Faden
Für Weihnachtsanhänger nehmen Sie eine Folie ca. 7 x 7 cm, für Fenstersterne oder Tischschmuck 10 x 10 cm oder 15 x 15 cm.

Das Folienquadrat wird zur Hälfte gefaltet und die Hälfte längs ein weiteres Mal zum Quadrat zusammengefaltet.
Das gefaltete Papier zum Dreieck legen, indem Sie eine Ecke nach vorne und die zweite Ecke nach hinten falten. Die offenen Seiten liegen nun alle übereinander. Schneiden Sie die Dreiecke wie abgebildet ein, falten sie auseinander, streichen sie glatt und biegen die Einschnitte um. Den gepunkteten Bereich abschneiden, entlang der Striche im weißen Bereich das Dreieck einschneiden.

Kerzenhalter

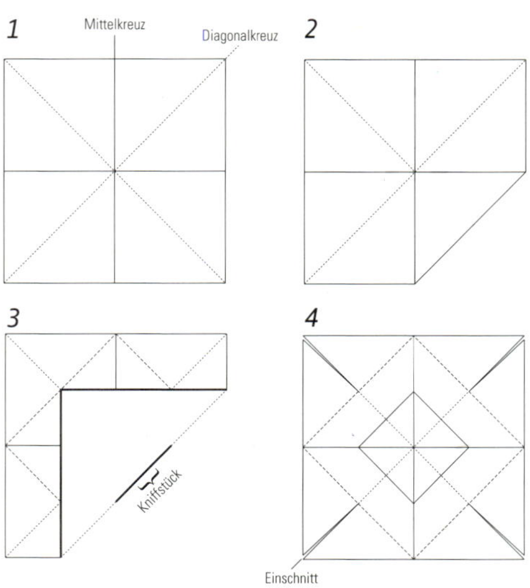

Sterne

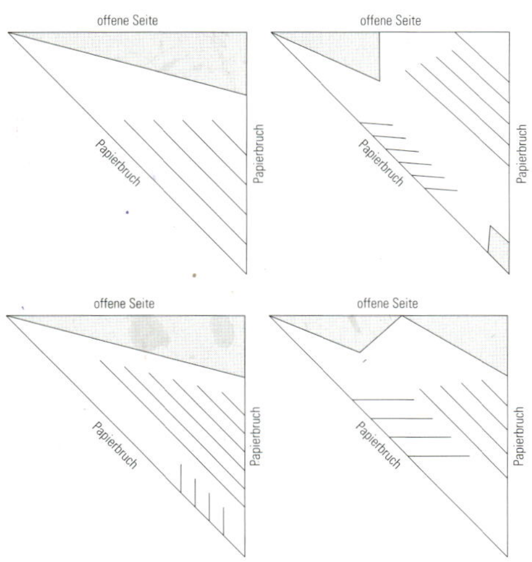

Kleine Sterne können mit einem Faden versehen an einen Weihnachtsstrauß oder Weihnachtsbaum gehängt oder als Geschenkanhänger verwendet werden.

Nicht nur in England ist es Tradition, besonders schöne, selbst gestaltete Karten zum Weihnachtsfest zu versenden. In den angelsächsischen Ländern werden die Karten sogar aufgeklappt auf Vitrinen gestellt, an Kordeln aufgehängt oder über dem Kamin und dem Türbogen angebracht. So fließen diese besonders schmuck gefertigten Weihnachtsgrüße in die Festtagsdekoration ein. Der Gruß erfreut den Empfänger also weit über das Lesen hinaus.
Mit der Serviettentechnik können Sie schnell stilvolle und originelle Karten zaubern. Mit dieser einfachen Technik und etwas Zubehör können Sie aufgrund des großen Angebotes an Servietten und Papier für Ihre Verwandten, Freunde und Bekannten rasch eine dekorative Karte mit persönlicher Note kreieren.
Eine interessante Variation in der Herstellung von Karten ist die dreidimensionale Gestaltung von Bildern. Für diese Technik eignen sich Fotos, Postkarten, Kalenderbilder, Geschenkpapier, spezielle 3-D-Bogen mit Bildern und Papierservietten. Das gewünschte Motiv wird ausgeschnitten, mit einem Abstandshalter hinterlegt und aufgeklebt. So hebt es sich vom Untergrund ab und wirkt dreidimensional. Steht das Motiv in mehrfacher Ausfertigung zur Verfügung, lässt es sich raffiniert zerlegen und in mehreren Schichten plastisch gestalten. Sie werden staunen, welche Effekte Sie damit erzielen können.

Material & Techniken

Hier finden Sie eine Auswahl an Materialien und Werkzeugen, die für das Gestalten von Weihnachtskarten benötigt werden. Das Wichtigste bei der Serviettenund der 3-D-Technik sind die Papierbilder. Im Grunde ist jedes Bild dafür geeignet.
Um einen dreidimensionalen Effekt zu erzeugen, wird jedes Motiv mehrmals benötigt. Die einzelnen Motivteile des Bildes klebt man in Lagen übereinander. Die Lagen werden mit Abstandsklebeband oder Silikonkleber in Abstand zueinander gebracht.
Ist das Motiv auf ein dünnes Papier gedruckt, benötigen Sie eine stabile Folie für den dreidimensionalen Effekt. Kalenderblätter, beispielsweise, sind meist auf festes Papier gedruckt, sodass solche Bildvorlagen nicht verstärkt werden müssen. Servietten und Geschenkpapier jedoch sind so dünn, dass diese auf eine feste Unterlage mit speziellem Serviettenkleber aufgebracht werden müssen. Als stabile Unterlage sind opake Laternenfolien bestens geeignet.

■ Motivvorlagen
Servietten, Geschenkpapier, 3-D-Bogen, Fotos, Kalenderblätter, Oblaten

■ Kartenmaterial
Doppelkarten, Passepartoutkarten, Strohseide, Naturpapiere Unterlage für Motive: opake Laternenfolie, Windradfolie (0,2 mm)

■ Zierart für die Gestaltung
Schüttelkarteneinsätze, Stanzkonfetti aus Plastikfolie, Sternglimmer, Glasperlen, Schneepaste, Effektdraht, Schmucketiketten, Schlei-

fenbänder und Kordeln, Gel-Malstifte

■ Klebstoffe
Spezialkleber für Servietten, Vlisofix (beidseitig), Kraftkleber, doppelseitiges Klebeband, Abstandsklebeband in verschiedenen Stärken, Silikonkleber

■ Klebeutensilien
Pinzette, Schwamm, Pinsel, Bügeleisen

■ Schneideutensilien
Bastelschere, Silhouettenschere, Papiermesser (Cutter), Schneideunterlage

■ Dekorationsutensilien
Lochzange, Stanzlocher, Prickelnadel, Prägestift, Konturenschere

■ Sonstiges
Bleistift, Lineal

Tipp:
Eine Schneideunterlage ist eine wünschenswerte, feste Unterlage, die nicht nur zum Schutz der Arbeitsplatte dient. Auf einer Schneidematte kann vor allem mit dem Cutter sauber geschnitten werden und die Cutterklingen bleiben länger scharf.
Ist die Unterlage groß genug, kann man alle Materialien darauf liegen lassen und diese mit der Schneidematte, wie mit einem Tablett, wegräumen.

3-D-Technik

Mit der 3-D-Technik lassen sich Bilder aller Art zu 3-D-Bildern verarbeiten.
Für diese eignen sich Servietten, Geschenkpapier, 3-D-Bogen, Fotos, Kalenderblätter. Zur Herstellung eines 3-D-Bildes benötigt man mehrere Exemplare des zu gestaltenden Bildes. Die Motivteile der Bilder werden für die unterschiedlichen Lagen mit einer Silhouettenschere sorgfältig ausgeschnitten.

Beim Betrachten des ausgewählten Bildes legen Sie fest, welche Teile hervorgehoben, also plastisch gestaltet werden sollen. Alle anderen Teile gehören zum Hintergrund. Schneiden Sie ein Bild als Hintergrund aus und kleben Sie es auf. Auf diesen Hintergrund werden die Motivteile des Bildes aufgearbeitet, die sich plastisch abheben sollen. Alles was zum Vordergrund gehört, wird aus einem anderen Bild ausgeschnitten, mit Abstandshalter versehen und an entsprechender Stelle aufgeklebt.

Möchten Sie den 3-D-Effekt noch weiter verstärken, schneiden Sie aus einem anderen Bild weitere Motivteile aus und kleben diese mit Abstandshaltern auf der ersten Lage auf. Auf diese Art können mehrere Schichten auf einen Hintergrund aufgebracht und eine größere räumliche Tiefe erzielt werden.

3-D-Serviettentechnik

Um Bilder in der 3-D-Technik zu gestalten, müssen die Bildteile, mit denen der plastische Effekt erzeugt werden soll, aus festem Papier sein. Ist dies nicht der Fall, wie bei Servietten und dünnem Geschenkpapier, wird das Motiv für eine größere Stabilität am besten mit opaker Laternenfolie (matte Windradfolie) hinterklebt.
Eine Serviette besteht aus drei oder mehr Papierlagen. Für die 3-D-Serviettentechnik wird nur die obere Lage verwendet. Die anderen Lagen werden immer abgelöst.

Aufkleben

Schneiden Sie das gewünschte Motiv sorgfältig mit einer spitzen Schere, am besten einer Silhouettenschere, aus. Je nach Gestaltung kann das Motiv auch vorsichtig aus der Serviette gerissen werden. Lösen Sie nun die obere Papierschicht mit dem Motiv behutsam ab.
Kleben Sie das ausgeschnittene Bild oder die Motivteile auf eine opake Laternenfolie. Bestreichen Sie hierfür mit dem Pinsel eine entsprechend große Stelle auf der Folie mit Spezialkleber.
Nun das Papiermotiv auflegen und vorsichtig mit dem Pinsel von innen nach außen glatt streichen. Gut trocknen lassen. Zum Schluss schneiden Sie das

Bild oder Motivteil aus der Folie aus.

Aufbügeln

Um dünnes Papier wie Servietten und Geschenkpapier zu verstärken, kann dieses auch aufgebügelt werden. Hierfür benötigen Sie beidseitig klebendes Vlisofix (Textilbereich) und ein Bügeleisen. Schneiden Sie das Bild oder die Motivteile sorgfältig aus und legen Sie diese auf das Vlisofix. Aufgepasst: Bei Servietten wird nur die obere Lage verwendet. Bügeln Sie mit dem Bügeleisen (Einstellung Baumwolle) das Motiv auf. Das Papier leicht ab-

kühlen lassen. Schneiden Sie nun das aufgebügelte Motiv behutsam aus dem Vlisofix aus.

Ziehen Sie die Schutzschicht vom Vlisofix ab und legen Sie das Motiv auf die Karte. Bügeln Sie es mit dem Bügeleisen (Einstellung Baumwolle) auf. Das Motiv verbindet sich durch das Vlisofix gut mit der Karte und wird durch das Aufbügeln besonders glatt.

Wölben

Um einen zusätzlichen plastischen Effekt zu erzielen, kann ein Motivteil gewölbt werden. Legen Sie das ausgeschnittene Motiv mit der Rückseite nach oben auf die Schneidematte oder eine weiche Unterlage. Mit dem Prägestift in die Mitte des Motivs drücken. Dann mit leicht kreisenden Bewegungen den Prägestift von innen nach außen führen. Das Motiv, gleich ob festes oder auf Laternenfolie geklebtes dünnes Papier, wölbt sich in eine bauchige Form. Von vorne betrachtet wölben sich die Ränder des Motivs nach unten. Sollen sich die Ränder des Motivs nach oben wölben, prägen Sie mit dem Stift die Bildvorderseite mit kreisenden Bewegungen von innen nach außen.

Abstandshalter

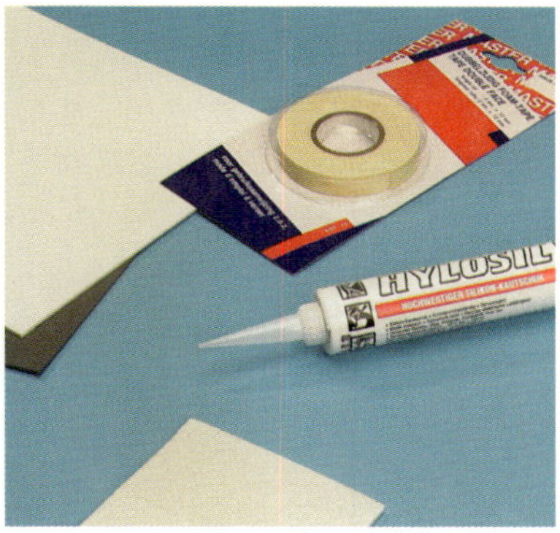

Um einen 3-D- oder plastischen Effekt zu erzielen, werden die einzelnen Lagen der Motivteile im Abstand zueinander aufgebracht.
Als Abstandshalter können Moosgummi und doppelseitig klebendes Abstandsklebeband, beide in unterschiedlichen Stärken, verwendet werden. Das Moosgummi wird mit Alleskleber aufgebracht. Das Abstandsklebeband ist als Abstandshalter am besten geeignet.
Silikonkleber empfiehlt sich besonders für das Aufsetzen von kleinen Teilen. Das Silikon eine Stunde aushärten lassen. Der getrocknete Kleber hält die einzelnen Lagen im Abstand zueinander.

Wellpappe und Naturpapier

Sehr reizvoll wirkt dünnes Papier, wie Serviettenmotive oder dünnes Geschenkpapier, auf strukturierten Untergründen.

Wellpappe

Wellpappe ist mit unterschiedlichen Wellen, glatte und geschwungene Welle, und in verschiedenen Farben erhältlich.
Das Motiv aus der Serviette ausschneiden und nur die obere Lage verwenden. Geben Sie den Spezialkleber auf die für das Motiv vorgesehene Stelle auf der Karte. Das Motiv vorsichtig aufsetzen und mit dem Pinsel sehr behutsam andrücken. Das Ganze gut trocknen lassen.

Naturpapier

Naturpapiere wie Kozopapiere und Strohseide sind mit unterschiedlichen Dekoren und eingeschöpften Materialien in verschiedenen Stärken erhältlich.
Die festeren Papiere sind ideal für Grußkarten geeignet. Auf Naturpapier wirken ausgerissene Serviettenmotive besonders dekorativ und apart.
Den Spezialkleber auf die vorgesehene Stelle geben. Das Motiv aufsetzen und mit dem Pinsel vorsichtig von innen nach außen andrücken. Das Motiv eventuell nochmals mit Kleber bestreichen.

Passepartoutkarten

Passepartoutkarten sind in mehreren Größen mit verschiedenen Ausschnitten und in unterschiedlichen Farben erhältlich.
Aus Fotokarton oder Wellpappe lassen sich Doppel- oder Passepartoutkarten jedoch auch rasch selbst fertigen.
Fertigen Sie aus Karton eine Schablone an, die als Passepartoutausschnitt dient. Legen Sie die Schablone auf die Rückseite der vorderen Kartenhälfte und umfahren Sie die Kontur mit einem Bleistift. Schneiden Sie den Ausschnitt mit dem Papiermesser (Cutter) sorgfältig aus.

Fertigen Sie für das Passepartout ein Hintergrundbild an. Dünne Papiermotive sollten mit einer festen Unterlage wie Laternenfolie verstärkt sein. Schneiden Sie das Hintergrundbild etwas größer als den Passepartoutausschnitt zu.
Umkleben Sie den Ausschnitt auf der Kartenrückseite mit doppelseitigem Klebeband. Ziehen Sie die Folie vom Klebeband ab und drücken Sie das Bild mit der Vorderseite nach unten fest auf das Klebeband. Die Rückseite der gestalteten Kartenhälfte mit gleichfarbigem Tonkarton vollständig bekleben.
Die Vorderseite können Sie nun ganz nach Belieben mit 3-D-Effekten, mit Glimmer, Schneepaste oder anderen Materialien schmuck gestalten.

Vorgefertigte Schüttelkarten

Schüttelkartensets sind in gut sortierten Hobbyfachgeschäften oder im Fachhandel in unterschiedlichen Größen und Farben erhältlich.

Legen Sie den Schüttelteileinsatz mit der gewölbten Seite nach unten in den Passepartoutausschnitt. Hierfür den überstehenden Rand des Einsatzes mit Alleskleber bestreichen und von innen fest gegen den Tonkarton drücken.
Fertigen Sie für das Passepartout ein Hintergrundbild an. Dünne Papiermotive sollten mit einer festen Unterlage wie Laternenfolie verstärkt sein. Schneiden Sie das Hintergrundbild etwas größer als den Passepartoutausschnitt zu, damit es diesen gut bedecken kann.
Füllen Sie den Schüttelteileinsatz mit Streu- oder Stanzteilen.
Aufgepasst: Nicht zu viele Teile verwenden, da das Hintergrundmotiv sonst zu sehr verdeckt wird.

Umkleben Sie den Rand des Einsatzes mit doppelseitigem Klebeband so, dass dieses zur Hälfte auch auf dem Tonkarton aufliegt. Ziehen Sie die Schutzfolie ab und drücken Sie das Hintergrundbild mit der Vorderseite nach unten fest auf das Klebeband. So können die Streu- oder Stanzteile nicht herausfallen.
Das Passepartout mit der Rückwand der Karte bekleben. Hierfür doppelseitiges Klebeband oder Alleskleber an den Kartenrändern aufbringen und die beiden Karten fest zusammendrücken.

Selbst gefertigte Schüttelkarten

Die Karten können aus Fotokarton, Wellpappe und Naturpapieren selbst gefertigt werden. Für den Schütteleinsatz wird Windradfolie (0,2 mm) benötigt. Schneiden Sie ein Rechteck (21 x 15 cm) zu. Das Rechteck in Querrichtung zur Hälfte falten (DIN-A6-Karte).

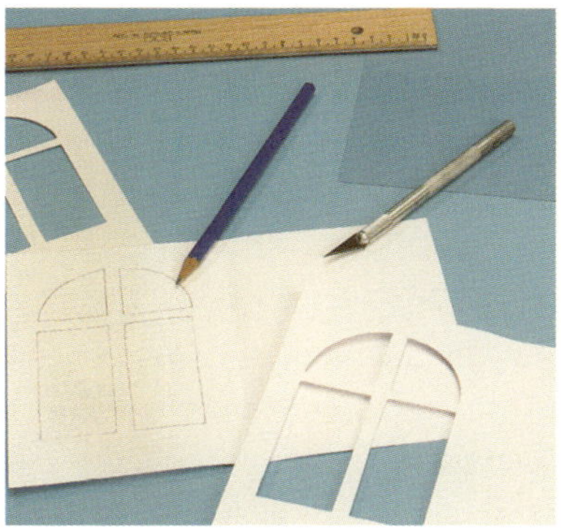

Fertigen Sie aus Karton eine Schablone, die dem Umriss des Schütteleinsatzes entspricht. Die Schablone auf die Rückseite der Karte legen und die Konturen mit dem Bleistift nachzeichnen. Schneiden Sie mit dem Cutter den Ausschnitt heraus.
Die Folie für den Schütteleinsatz wird rundum 1 cm größer als der Ausschnitt zugeschnitten. Den überstehenden Rand mit Alleskleber bestreichen und von innen fest gegen den Tonkarton drücken
Fertigen Sie für das Passepartout ein Hintergrundbild an. Dünne Papiermotive sollten mit einer festen Unterlage wie Laternenfolie verstärkt sein. Schneiden Sie das Hintergrundbild etwas größer als den Passepartoutausschnitt zu. Umkleben Sie den Rand des Passepartouts vollständig mit doppelseitigem Abstandsklebeband so, dass dieses auch noch auf dem Karton aufliegt. Die Schutzfolie abziehen und das Hintergrundbild mit der Vorderseite nach unten fest auf das Klebeband drücken. Den Schüttelteileinsatz mit Streu- oder Stanzteilen füllen.
Aufgepasst: Nicht zu viele Teile verwenden, da das Hintergrundmotiv sonst zu sehr verdeckt wird.

Mond und Sterne

Material

Tonkarton hellblau (Kartenformat 11,5 x 18 cm)
Maulbeerpapier mittelblau
Servietten Motiv „Mond“, „Sterne“
Malglitter silber
Schleifenband silber
Satinband dunkelblau

Die großen Serviettenmotive mit Spezialkleber auf das Maulbeerpapier kleben, mit der Konturenschere zuschneiden (8 x 8 cm) und mit doppelseitigem Klebeband auf den Tonkarton kleben. Mit Malglitter die Konturen von Mond und Stern nachziehen. Zwischen den Maulbeerpapieren eine zackenförmige Linie malen. Die kleinen Sterne aus dem Maulbeerpapier ausschneiden und mit etwas Malglitter übermalen. Legen Sie die Schleifenbänder zusammen und um den Kartenfalz. In der Kartenmitte zu einer Schleife binden. Die kleinen Sterne mit Alleskleber auf das Schleifenband kleben.

Eiskristalle

Material

Tonkarton hellblau (Kartenformat 11,5 x 18 cm)
Maulbeerpapier dunkelblau
Servietten Motiv „Eiskristalle“
Gitterband silber (8,5 x 16 cm)
Malglitter blau

Ein Serviettenmotiv mit Spezialkleber auf das Maulbeerpapier kleben. Schneiden Sie drei Eiskristalle aus dem Serviettenmotiv (4,5 x 4,5 cm) zu. Das Gitterband auf die Karte legen und mit Alleskleber die ausgeschnittenen Motive darauf befestigen. Mit Malglitter einige Rauten im Gitterband ausmalen.

Tanne

Material

Tonkarton beige
(Kartenformat 11,5 x 18 cm)
Servietten Motiv „Tanne"
Laternenfolie
Schmucketiketten gold
Rupfenband dunkelgrün
(8 x 13 cm)

Mit doppelseitigem Klebeband das Rupfenband auf die Karte kleben. Zwei Serviettenmotive mit Spezialkleber auf Laternenfolie (s. Seite 96) kleben. Ein Motiv mit Rahmen ausschneiden, mit Abstandsklebeband versehen und auf dem Rupfenband befestigen. Vom zweiten Motiv die Tanne ausschneiden und mit Abstandsklebeband passgenau auf dem ersten Motiv aufkleben. Bringen Sie Schmucketiketten unterhalb des Motivs an.

Schneemann

Material

Tonkarton beige
(Kartenformat 10,5 x 15 cm)
Maulbeerpapier grün
Serviette Motiv „Schneemann"
Laternenfolie
Malglitter rot
Schneepaste

Das Maulbeerpapier entlang einem Lineal (9,5 x 13,5 cm) reißen. Das Serviettenmotiv ausreißen und mit Spezialkleber auf das Maulbeerpapier kleben. Zwei Motive auf Laternenfolie (s. Seite 96) kleben. Den Kopf mit Hut einmal und die Tanne mit Hand zweimal ausschneiden und mit Abstandsklebeband passgenau auf dem ersten Motiv aufkleben. Nun die zweite Tanne samt Hand aufkleben. Mit Malglitter die Kugeln am Tannenbaum anmalen. Mit Schneepaste den Schneemann und die Schneeflocken nachziehen. Dann das Motiv mit doppelseitigem Klebeband auf der Karte anbringen.

Advent

Material
Tonkarton cognac
(Kartenformat 10,5 x 15 cm)
Maulbeerpapier sand
Serviette Motiv „Obstschale"
Laternenfolie
Malglitter rotgold

Das Maulbeerpapier mit der Konturenschere (10 x 14 cm) zuschneiden. Ein Serviettenmotiv ausreißen und mit Spezialkleber auf das Maulbeerpapier kleben. Zwei Motive mit Spezialkleber auf Laternenfolie kleben (s. Seite 96). Die großen Äpfel, das Tannengrün und die Efeuranke zusammenhängend sowie den kleinen Apfel einzeln ausschneiden. Die Motivteile mit Abstandskleber passgenau auf dem ersten Motiv anbringen. Nun die Efeuranke mit dem Tannengrün sowie ein Efeublatt ausschneiden und mit Abstandskleber anbringen. Mit Malglitter einige Konturen auf der Obstschale nachziehen. Das fertige Objekt mit doppelseitigem Klebeband auf die Karte kleben.

Apfel, Nuss

Material
Tonkarton beige
(Kartenformat 10,5 x 15 cm)
Serviette Motiv „Apfel, Nuss und Mandelkern"
Laternenfolie, Streusterne gold
Malglitter rotgold

Drei Serviettenmotive mit Spezialkleber auf Laternenfolie kleben (s. Seite 96). Ein Motiv ganz ausschneiden und aufkleben. Vom zweiten Motiv den rechten Tannenzweig ausschneiden und mit Abstandskleber passgenau auf dem ersten anbringen. Vom dritten Motiv einen Zimtstern sowie drei Nüsse ausschneiden und mit Abstandskleber passgenau anbringen. Mit Alleskleber einige Streusterne aufkleben und mit Malglitter die freien Flächen ausmalen.

Rotkehlchen

Material
Tonkarton hellblau
(Kartenformat 10,5 x 15 cm)
Serviette Motiv „Rotkehlchen auf Hagebuttenzweig“
Laternenfolie
Malglitter silber

Drei Serviettenmotive mit Spezialkleber auf Laternenfolie kleben (s. Seite 96). Ein Motiv ganz ausschneiden und mit Alleskleber auf die Karte kleben. Vom zweiten Motiv den Vogel oben links und die Hagebutten mit dem Vogel unten rechts ausschneiden und die Motivteile mit Abstandskleber passgenau auf dem ersten Motiv aufbringen. Vom dritten Motiv den Vogel unten rechts ausschneiden und mit Abstandsklebeband passgenau aufbringen. Die freien Flächen im unteren Teil der Karte mit Malglitter gestalten

Ilex

Material
Wellpappe silber
(Kartenformat 10,5 x 15 cm)
Serviette Motiv „Ilex“
Maulbeerpapier mittelgrün
Fotokarton bordeaux
Laternenfolie
Schmucketiketten silber
Satinband bordeaux

Das Maulbeerpapier (8,5 x 12,5 cm) zuschneiden und mit doppelseitigem Klebeband auf der Karte anbringen. Zwei Serviettenmotive mit Spezialkleber auf die Laternenfolie (s. Seite 96) kleben. Die Motive ausschneiden, auf der Rückseite die Adern der Blätter und die Ilexbeeren mit dem Prägestift nach unten wölben (s. Seite 96) und mit Abstandskleber auf dem Maulbeerpapier anbringen. Die Schmucketiketten auf den Fotokarton kleben, mit der Konturenschere (2 x 7 cm) ausschneiden und mit Alleskleber aufkleben. Das Einlegeblatt mit der Konturenschere zuschneiden und mit dem Satinband befestigen.

Weihnachtsfenster

Material

Passepartoutkarte dunkelgrün (Kartenformat 10,5 x 15 cm)
Schütteleinsatz Quadrat
Serviette Motiv „Weihnachtsfenster"
Laternenfolie
Malglitter silber
Streusterne gold
Schmucketiketten gold

Den Schütteleinsatz in den Kartenausschnitt kleben (s. Seite 98). Zwei Serviettenmotive auf Laternenfolie kleben (s. Seite 96). Ein Motiv gemäß dem Ausschnitt und einen Blumentopf ausschneiden. Den Blumentopf mit Abstandskleber passgenau auf dem ersten Motiv aufbringen. Den Stern und das Fensterbrett mit Malglitter bemalen. In den Schütteleinsatz Streusterne geben und mit dem Serviettenmotiv hinterkleben. Die Rückseite der Karte dagegenkleben. Den Schütteleinsatz mit Malglitter ummalen und Schmucketiketten aufkleben.

Festlich geschmückt

Material

Passepartoutkarte rot (Kartenformat 11,5 x 18 cm)
Schütteleinsatz Fenster
Serviette Motiv „Tannenbäume"
Laternenfolie
Malglitter gold
Streusterne rot
Messingbäumchen
Kordel grün

Den Schütteleinsatz in den Kartenausschnitt kleben (s. Seite 98). Das Serviettenmotiv auf Laternenfolie kleben und gemäß dem Ausschnitt ausschneiden (s. Seite 96). Die Schmuckkette am Baum und die Flammen der Kerzen mit Malglitter nachmalen. In den Schütteleinsatz einige Streusterne geben und mit dem Serviettenmotiv gemäß dem Ausschnitt hinterkleben. Die Rückseite der Karte dagegenkleben.
Auf der Vorderseite der Karte die Kordel um den Schütteleinsatz kleben und zu einer Schleife binden. Um die Kordel einen Rand mit Malglitter ziehen. Auf die Karte noch einige Messingbäumchen aufkleben.

Weihnachtsstube

Material
Tonkarton dunkelgrün
(Kartenformat 11,5 x 18 cm)
Serviette Motiv „Weihnachtsstube"
Windradfolie (0,2 mm)
Laternenfolie
Malglitter gold, silber
Maulbeerpapier terrakotta
Schmucketiketten gold

Legen Sie die Schablone für den Ausschnitt auf, zeichnen Sie die Konturen nach und schneiden Sie mit dem Cutter den Ausschnitt aus (s. Seite 99). Die Windradfolie zuschneiden und mit Alleskleber auf der Kartenrückseite über dem Ausschnitt anbringen. Den Ausschnitt mit Abstandsklebeband umkleben.
Drei Serviettenmotive auf Laternenfolie kleben (s. Seite 96). Ein Motiv gemäß dem Kartenausschnitt ausschneiden. Den Kerzenleuchter, die Trommel und das Päckchen und zwei Schleifen des Päckchens ausschneiden. Die Streusterne in den Schütteleinsatz füllen und mit dem großen Serviettenmotiv hinterkleben. Die Rückseite der Karte mit Tonkarton bekleben.
Die Trommel und das Päckchen mit Alleskleber im unteren Teil der Karte aufkleben. Den Kerzenleuchter und die Schleife des Päckchens mit Abstandskleber passgenau auf die Motive aufbringen. Mit Malglitter den Kerzenleuchter und die Flammen der Kerzen nachmalen.
Das Maulbeerpapier (1,5 x 11,5 cm) mit der Konturenschere zuschneiden, Schmucketiketten aufkleben und den Ausschnitt schräg auf der Karte anbringen.

Sterne und Tanne

Material

Passepartoutkarte dunkelblau (Kartenformat 10,5 x 15 cm)
Schütteleinsatz Oval
Serviette Motiv „Sterne und Tannen"
Laternenfolie
Glasperlen blau
Malglitter silber
Streusterne silber

Den Schütteleinsatz in den Kartenausschnitt kleben (s. Seite 98). Zwei Serviettenmotive auf Laternenfolie kleben (s. Seite 96). Einige Glasperlen und Streusterne in den Schütteleinsatz geben und mit einem Serviettenmotiv gemäß dem Ausschnitt hinterkleben. Die Rückseite der Karte dagegenkleben. Vom zweiten Serviettenmotiv Sterne und Tanne ausschneiden, links oben und unten aufkleben. Die Tanne und einen Stern passgenau für die Kontur des Schütteleinsatzes zuschneiden. Auf dem Stern links oben mit Abstandskleber einen weiteren Stern und auf dem Stern unten zwei andere Sterne versetzt anbringen. Mit Malglitter die Konturen der aufgeklebten Teile auf der Karte nachziehen und den unteren Stern betupfen.

Tischkarte

Material

Fotokarton dunkelblau (Kartenformat 15 x 10,5 cm)
Serviette Motiv „Sterne und Tannen"
Laternenfolie
Malglitter silber

Das Serviettenmotiv auf Laternenfolie kleben (s. Seite 96), Sterne und Tanne ausschneiden und aufkleben. Den Namen mit Malglitter auf die Karte schreiben.

Lustige Gesellen

Material

Passepartoutkarte cognac
(Kartenformat 11,5 x 18 cm)
Kartenausschnitt Oval
Serviette Motiv „Vögel"
Laternenfolie
Malglitter rotgold
Schneepaste

Zwei Serviettenmotive auf Laternenfolie (s. Seite 96) kleben und ausschneiden. Ein Motiv gemäß dem Ausschnitt und einen Vogel ausschneiden. Das Serviettenmotiv hinter den Ausschnitt kleben und die Rückseite der Karte dagegenkleben. Den ausgeschnittenen Vogel mit Abstandskleber passgenau anbringen. Mit Schneepaste kleine Schneeflächen und Schneeflocken auf die Karte malen. Nach dem Trocknen die Flächen mit Malglitter nachmalen.

Es hat geschneit

Material

Passepartoutkarte beige
(Kartenformat 11,5 x 18 cm)
Ausschnitt oval
Serviette Motiv „Wintertraum"
Laternenfolie
Schneepaste
Hologrammflitter silber

Zwei Serviettenmotive auf Laternenfolie kleben (s. Seite 96). Ein Motiv gemäß dem Ausschnitt sowie den Stuhl, das Vogelhaus und die Pflanzenkübel ausschneiden. Das Serviettenmotiv hinter den Ausschnitt kleben und die Rückseite der Karte dagegenkleben. Die kleinen Serviettenmotive mit Abstandskleber passgenau anbringen. Mit Schneepaste die Schneeflächen auf dem Vogelhaus, den Pflanzen und dem Boden anbringen, dabei über den Ausschnitt hinaus arbeiten. Etwas Hologrammflitter in die noch feuchte Schneepaste streuen.

Frohe
Weihnachten

Weihnachtssterne

Material

Wellpappe gold
(Kartenformat 11,5 x 18 cm)
Tonkarton beige
Serviette Motiv „Weihnachtssterne“
Laternenfolie
Malglitter gold, rot

Die Schablone für den Ausschnitt auflegen, Kontur nachzeichnen und mit dem Cutter ausschneiden (s. Seite 99). Zwei Serviettenmotive auf Laternenfolie kleben (s. Seite 96). Ein Motiv gemäß dem Ausschnitt, die Blütenmitte und drei Ilexblätter ausschneiden. Ein Serviettenmotiv gemäß dem Ausschnitt auf die Rückseite kleben und mit Tonpapier abdecken.

Auf der Vorderseite links unten und oben rechts ein Ilexblatt auf der Karte anbringen. Ein Ilexblatt und die Blütenmitte mit Abstandskleber passgenau auf die Motive aufbringen. Die Ilexbeeren mit rotem und die Blütenpollen mit goldenem Malglitter nachmalen.

Mit Mistel

Material

Passepartoutkarte rot
(Kartenformat 10,5 x 15 cm)
Schütteleinsatz Quadrat
Serviette Motiv „Weihnachtsstern“
Laternenfolie
Streuglimmer rot
Schmucketiketten gold

Den Schütteleinsatz in den Kartenausschnitt kleben (s. Seite 98). Zwei Serviettenmotive auf Laternenfolie kleben (s. Seite 96). Ein Serviettenmotiv gemäß dem Ausschnitt, die Blütenmitte und Mistelzweige ausschneiden. Die Blütenmitte mit Abstandskleber passgenau auf dem Motiv anbringen. In den Schütteleinsatz etwas Streuglimmer geben und mit dem Motiv hinterkleben. Die Rückseite der Karte dagegenkleben. Die Mistelzweige mit Alleskleber um den Schütteleinsatz kleben. Die Schmucketiketten anbringen.

Jedes Jahr am Heiligabend gilt es aufs Neue, dem Grün des Weihnachtsbaumes ein schönes und darüber hinaus stimmungsvolles Design zu geben, das ganz Ihrem Geschmack entspricht. Wenn Sie den Weihnachtsschmuck selbst basteln, können Sie Ihren Baum noch individueller gestalten und zudem in Ihrem Zuhause schon Wochen vorher eine weihnachtliche Atmosphäre hervorrufen. Da Weihnachten ein Fest der Familie ist, wurden für dieses Kapitel auch Motive ausgewählt,

die von den kleinen Familienmitgliedern nachzuarbeiten sind, sodass sie aktiv am Gestalten des Baumes mitwirken können.

Rosenkugeln

Material

Kugeln aus Styropor oder Pappmaché
Seidenpapier weiß
Servietten mit Rosenmotiven
Acrylfarbe weiß, gold
Pinsel
Krakelierlack
spitze Schere
Spezialkleber
Alleskleber
Goldkordel

Technik:
Serviettentechnik (s. Seite 48–49)

Einen Teil der Kugeln mit weißer, den anderen mit goldener Acrylfarbe grundieren. Nach dem Trocknen die goldene Grundierung dünn mit Krakelierlack bestreichen und diesen ebenfalls trocknen lassen. Danach den Krakelierlack mit weißer Acrylfarbe übermalen.
Die Rosenmotive mit etwas Zugabe aus den Servietten ausschneiden und die beiden unteren Papierlagen entfernen.

Damit die Farben der Motive besser zur Geltung kommen, werden die Rosen zunächst auf weißes Seidenpapier aufgebracht. Dazu das Seidenpapier gleichmäßig mit Spezialkleber bestreichen und die Motive auflegen. Das Serviettenpapier mit den Fingern oder dem Pinsel von innen nach außen glatt streichen. Nach dem Trocknen die Motive entlang den Konturen ausschneiden.

Anschließend Spezialkleber auf die Kugeln auftragen und die Motive sanft auf den Untergrund drücken. Das Papier wird von der Mitte zum Rand hin vorsichtig ausgestrichen. Durch die Rundung der Kugeln entstehen kleine Falten, die mit dem Fingernagel behutsam flach gerieben werden. Nach dem Trocknen der Motive eine weitere Schicht Kleber auftragen und wiederum gut durchtrocknen lassen. Anschließend die weiß grundierten Kugeln rund um die Motive mit goldener Acrylfarbe bestreichen. Oberhalb der Rosen mit einer spitzen Schere jeweils ein kleines Loch in die Kugeln bohren.

Perlmuttkugeln mit Blättern

Material

Perlmuttkugeln
Servietten mit Mistelzweigen und Efeublättern
Schere
Spezialkleber
Pinsel

Technik:
Serviettentechnik (s. S. 48–49)

Schneiden Sie zunächst die Motive in der gewünschten Anzahl aus den Servietten aus und entfernen Sie die beiden unteren Papierlagen. Anschließend die Perlmuttkugeln gleichmäßig mit Spezialkleber bestreichen und die Motive auflegen. Das Serviettenpapier wird mit dem Pinsel oder den Fingern von der Mitte zum Rand hin sanft ausgestrichen. Durch die Rundung der Kugeln entstehen kleine Falten im Motiv, die mit dem Fingernagel behutsam flach gerieben werden.
Nach dem Trocknen der Motive eine weitere Schicht Spezialkleber auftragen.

Glitzernde Eiskristalle

Material

Schere, Bastelmesser
Moosgummi weiß
Lochzange
Glitzerfarbe silber
Nylonfaden

Diese schillernden Eiskristalle verleihen Ihrem Weihnachtsbaum einen ganz zauberhaften Glanz.

Die Grundform besteht aus einem Moosgummikreis mit 6 bzw. 9 cm Durchmesser. Mit dem Bastelmesser, einer kleinen Schere und der Lochzange schneiden Sie die filigranen Formen vorsichtig aus. Anschließend bemalen Sie die Kristalle mit silberner Glitzerfarbe. Zum Aufhängen wird ein Nylonfaden verwendet – auf diese Weise scheinen die funkelnden Kristalle geradezu vor dem Weihnachtsbaum zu schweben.

Lichterkettengirlande

Material
Schere
Hartfolie
Konturen: schwarz
Farben: weiß, gelb, hautfarben, rubinrot, rosa, orange, ultramarinblau, braun, gold
Fun Liner Glitter smaragd, saphir
Zahnstocher

Technik: Window Color
Diese dekorative Girlande können Sie auch schon in der Vorweihnachtszeit in Ihr Fenster hängen. Die Grundform besteht aus zwei Hartfolienkreisen, die miteinander verbunden sind und wie ein Lampion an die Lichterkette gehängt werden.
Je nach Wunsch können die Motive jeweils nur auf der Vorderseite oder aber auf beiden Seiten aufgebracht werden. Schneiden Sie zunächst die Form gemäß der Vorlage aus. Übertragen Sie mit schwarzer Konturenfarbe die Umrisse der Motive vom Vorlagenbogen auf die Folie (s. Seite 78). Die Konturen gut trocknen lassen. Füllen Sie anschließend die Flächen mit den Malfarben aus. Nach ca. 24 Stunden sind die Girlanden durchgetrocknet und können aufgehängt werden. Dazu die Folie an den markierten Stellen umknicken (s. Vorlagenbogen) und den „Lampion“ so an der Lichterkette befestigen, dass sich die Kerze in der Mitte zwischen den beiden Folienlagen befindet.

Schneeflöckchen und Freunde

Material
Schere
Hartfolie
Konturen: schwarz
Farben: weiß, gelb, hautfarben, rubinrot, hellgrün, grau, gold
Zahnstocher
Glitzerpulver
Bastellack weiß
Pinsel (Größe 4)
Goldkordel
Nadel

Gleich, ob als Weihnachtsbaumschmuck oder als Geschenkanhänger – diese lustigen Gesellen bereiten viel Freude.
Übertragen Sie die Konturen der Motive mit schwarzer Konturenfarbe vom Vorlagenbogen auf die Hartfolie (s. Seite 78). Gut trocknen lassen. Malen Sie anschließend die Flächen mit den Malfarben aus.
Aufgepasst:
Bei den Schneeflöckchen streuen Sie das Glitzerpulver in die noch frische Farbe. Bei der Zuckerstange der Maus und den Ringelsöckchen des Engels tragen Sie zuerst die eine Streifenfarbe auf und lassen diese trocknen; danach werden die übrigen Streifen in der anderen Farbe aufgebracht. So vermeiden Sie, dass die Farben ineinander laufen.
Alles gut durchtrocknen lassen (ca. 24 Stunden). Die Motive mit einer kleinen Schere ausschneiden, dann die Rückseiten der Figuren mit weißem Bastellack lackieren, damit der Hintergrund nicht durchscheint. Am oberen Rand mit der Nadel die Goldkordel einziehen.

Hübsch verpackt

Material

Grundmaterial:
Schere, Bastelmesser, Heißkleber, Bastelkleber
Filz braun (je Säckchen 6 x 16 cm)
Goldkordel
Füllwatte
Wattekugeln (ø 30 mm)
Holzstäbchen (5 cm lang)
Pinsel (Größe 4)

Frosch:
Filz rot
Wattekugel (ø 15 mm)
Bastellack metallic grün
Moosgummi grün
Wackelaugen (ø 15 mm)

Maus:
Filz blau
Bastellack hellgrau
Moosgummi rosa, grau, schwarz, weiß
Wackelaugen (ø 7 mm)

Vögelchen:
Filz lila
Bastellack gelb
Moosgummi gelb, orange
Wackelaugen (ø 7 mm)

Hier kommen die Geschenke bereits aus den Säckchen gekrabbelt! Beginnen Sie mit der Herstellung der Säckchen. Dazu den Filzstoff zur Hälfte falten und an den Längsseiten zusammenkleben. Entlang dem oberen Rand die Goldkordel einziehen. Das Säckchen mit Watte füllen, zusammenbinden und einen kleinen Filzflicken darauf kleben. Stecken Sie jeweils ein Holzstäbchen in das Loch der großen Wattekugeln und kleben Sie es fest. Für den Mauskopf eine Wattekugel grau, für den Kopf des Vogels eine Kugel gelb bemalen. Aus dem Froschkopf mit dem Bastelmesser vorsichtig die Maulöffnung herausschneiden. Die kleine Wattekugel halbieren und die Wackelaugen auf die Schnittflächen kleben. Die Augen am Kopf befestigen und diesen anschließend grün lackieren. Aus dem Moosgummi die Einzelteile ausschneiden. Ohren, Schnäuzchen und Wackelaugen auf den Mauskopf kleben, auf den Kopf des Vogels den Kamm, den Schnabel und die Wackelaugen anbringen. In das Froschmaul die rote Zunge kleben. Dann die Köpfe mit Heißkleber jeweils auf den oberen Rand der Säckchen kleben; die Holzstäbchen befinden sich im Säckcheninneren. Die „Hände" werden zwischen Kopf und Säckchen geschoben und ebenfalls mit Heißkleber fixiert. Zum Schluss die Goldkordel am Kopf festkleben.

Leuchtende Sterne

Material

Schere
Hart- oder Mobilefolie
Konturen: schwarz
Farben: weiß, gelb, hautfarben, orange, rosa, rubinrot, ultramarinblau, hellgrün, hellbraun, schwarz
Zahnstocher
Fun Liner Glitter gold
Bastellack weiß
Pinsel (Größe 4)

Technik: Window Color
Diese kleinen Figürchen geben jeder Lichterkette einen ganz besonderen Glanz.

Übertragen Sie mit schwarzer Konturenfarbe die Umrisse der Motive vom Vorlagenbogen auf die Folie (s. Seite 78). Die Konturen gut trocknen lassen. Füllen Sie anschließend die Flächen mit den Malfarben aus. Die Bäckchen der Sterne und des Engels werden als Punkte in die noch frische Untergrundfarbe gesetzt.
Nach ca. 24 Stunden sind die Motive gut durchgetrocknet und können mit einer Schere ausgeschnitten werden.
Beachten Sie dabei, dass jedes Motiv unterhalb der Farbfläche noch einen kleinen Folienring behält (s. Vorlagenbogen). Dieser darf nicht abgeschnitten werden, da er später als Halterung nach hinten umgeknickt und auf die einzelnen Kerzenlichter gesteckt wird.
Zuletzt wird die Rückseite der angemalten Fläche mit weißem Bastellack bemalt. So wird vermieden, dass die transparenten Farben den Hintergrund durchscheinen lassen.

Weihnachtsmann & Co

Material

Grundmaterial:
Schere
Bastelkleber, Heißkleber
Walnüsse, Haselnüsse
Pinsel (Größe 4)
wasserfester Farbstift schwarz
Holzstäbchen (ø 2 mm)
Goldkordel

Weihnachtsmann:
Bastellack weiß, rot, schwarz
Filz weiß, rot
Moosgummi rot
Chenilledraht weiß
Pompon weiß (ø 5 mm)

Schneemann:
Bastellack weiß, schwarz
Filz rot, grün
Papier orange
Zylinder (1 cm hoch)
Wackelaugen (ø 7 mm)

Elch:
Filz gelb, blau
Moosgummi hellbraun, braun
Wackelaugen oval (7 x 9 mm)
Halbperlen schwarz (ø 5 mm)

Zum Basteln dieser niedlichen Nussfigürchen benötigen Sie unbedingt Heißkleber, da die Nüsse bei der Verwendung von langsam trocknendem Kleber nicht aneinander haften bleiben.
Zunächst werden jeweils eine Hasel- und eine Walnuss zusammengeklebt. Beim Schneemann wird die Walnuss waagerecht als Bauch an den Haselnusskopf geklebt. Bei den anderen Figuren kleben Sie Hasel- und Walnuss jeweils senkrecht aneinander. Anschließend bemalen Sie den Schneemann mit weißem und den Körper des Weihnachtsmanns mit rotem Bastellack. Für die Augen den Weihnachtsmannkopf mit zwei Punkten versehen. Gemäß der Vorlage den Bart, die Schals und die Mütze aus Filz zuschneiden. Aus dem orangefarbenen Papier die Schneemannnase fertigen und aus Moosgummi die Nase des Weihnachtsmanns und Nase, Ohren und Geweih für den Elch ausschneiden.
Die Einzelteile entsprechend der Vorlage auf die Figuren kleben. Mit dem schwarzen Farbstift das Maul des Elchs und die Augen des Weihnachtsmanns aufbringen. Den Mund des Schneemanns und den Knopf am Weihnachtsmannbauch malen Sie mit einem Holzstäbchen und schwarzem Bastellack auf. Zum Schluss befestigen Sie die Goldkordel mit Kleber am oberen Ende der Figuren.

Schlitten und Vogelhäuschen

■ **Material**

Schere, Bastelmesser, Heißkleber, Holzleim
Holzstäbchen (ø 2 mm; z. B. Schaschlikspieße)
Holzstäbchen (5 mm breit)
Holzstäbchen (10 mm breit)
Holzstäbchen (18 mm breit; z. B. Zungenspatel)
Bastellack gelb, rot, blau
Pinsel (Größe 4)
Wattekugeln (ø 10 mm, 15 mm)
Moosgummi weiß, orange, gelb
wasserfester Farbstift schwarz
Goldkordel

Zum Glück haben diese Vögelchen noch ein warmes Plätzchen unter dem Tannenbaum gefunden! Schneiden Sie mit dem Bastelmesser die Häuschenteile gemäß der Vorlage aus den Holzstäbchen zu und kleben Sie sie mit Heißkleber zusammen.
Aufgepasst: Zunächst an das 2 mm dünne Holzstäbchen die Goldkordel befestigen, bevor es als Dachfirst angebracht wird (s. Abbildung). Nach dem Zusammenkleben das Dach mit rotem Bastellack lackieren.
Während der Lack trocknet, werden die Vögel gebastelt. Kleben Sie dafür jeweils eine große und eine kleine Wattekugel zusammen und lackieren Sie alles mit gelbem Lack. Den Lack trocknen lassen, danach die Füße, den Schnabel und den Schwanz aus dem Moosgummi ausschneiden und mit Kleber auf dem Vogelkörper anbringen. Mit schwarzem Farbstift die Augen einzeichnen und jedes Vögelchen in sein Häuschen kleben.
Für die Schlitten verwenden Sie die 5 mm breiten Holzstäbchen, die Sie entsprechend der Vorlage zuschneiden. Die Einzelteile mit Holzleim verbinden und zum Schluss mit fröhlich-bunten Farben bemalen.

Zauberhafte Engelchen

Material

Schere, Wellenschere, Heißkleber, Klebestift
Wattekugeln (ø 20 mm)
Holzstäbchen (ø 2 mm, 5 cm lang)
Bastellack hautfarben
Pinsel (Größe 4)
Aluminiumpapier rot/gold, blau/gold, grün/gold
Marabufedern weiß
wasserfester Farbstift rosa, rot, schwarz
Goldkordel

Diese zarten kleinen Wesen geben Ihrem Weihnachtsbaum einen ganz besonderen Charme.
Beginnen Sie mit dem Arbeiten der Köpfe. Stecken Sie jeweils ein Holzstäbchen in das Loch der Wattekugeln und kleben Sie es fest. Es dient als Stütze zum Malen und als spätere Verbindung zum Engelskörper. Bemalen Sie anschließend die Wattekugeln mit hautfarbenem Bastellack.
Während die Farbe trocknet, wird aus dem zugeschnittenen Aluminiumpapier (s. Vorlagenbogen) das Kleidchen gefertigt.
Dazu den unteren Rand der Rundung mit der Wellenschere abschneiden und mit der farbigen Seite nach oben als Verzierung auf das Kleidchen kleben.
Das Papier zur Tüte drehen und an der langen Seite mit dem Klebestift fixieren.
Den Heiligenschein aus Aluminiumpapier zuschneiden und mit dem Klebestift auf die Wattekugel kleben. Dann den Kopf mit Heißkleber auf der Spitze des Kleidchens befestigen; das Holzstäbchen befindet sich im Kleidinneren. Die Spitzen der weißen Marabufedern als Flügel auf den Rücken kleben. Mit den Farbstiften werden die Gesichter aufgemalt.
Zum Schluss wird die Goldkordel mit Kleber am Kopf fixiert.

Glöckchen, Stern und Tannenbaum

Material

Schere, Bastelmesser, Bastelkleber
Chenilledraht gelb, rot, grün
Wellpappe gelb, rot, grün
Transparentpapier gelb, rot, grün
Lochzange
Goldkordel

Schlicht und einfach, aber sehr wirkungsvoll sind diese weihnachtlichen Formen aus Wellpappe und Chenilledraht.

Für die Drahtfiguren wird der Chenilledraht der Kontur der Vorlage folgend zur jeweiligen Form gebogen. Beginnen Sie dabei in der Mitte des Chenilledrahts und arbeiten Sie von oben nach unten. Die Enden auf die benötigte Länge einschließlich 1 cm Zugabe kürzen und miteinander verzwirbeln. Mit Goldkordel versehen, ist die Figur fertig zum Aufhängen.

Für die Wellpappefiguren übertragen Sie die Formen vom Vorlagenbogen auf die Rückseite der Wellpappe und schneiden diese mit der Schere bzw. mit dem Bastelmesser aus. Nun kleben Sie das farblich passende Transparentpapier von der Rückseite gegen und schneiden die überstehenden Reste mit der Schere sauber ab.

Zuletzt an der oberen Spitze jeder Figur mit der Lochzange jeweils ein kleines Loch einstanzen und die Goldkordel durchziehen.

Sterndekoration

■ Material

Farben: Perlmutt, Pariserblau, Rubinrot, Tannengrün, Glitter-Silber, Glitter-Gold
Weitere Materialien: Drahtgitter mit Quadraten von ca. 0,5 cm Seitenlänge

Technik: Window Color
Schneiden Sie mit einer Schneidezange aus dem Drahtgitter ein Quadrat mit 17 Kästchen aus. Das Gitter wird erst nach dem Trocknen des Farbauftrags in seine endgültige Form geschnitten. Legen Sie ein Stück Frischhaltefolie auf ein weiches Tuch oder ein Stück Volumenvlies und befestigen Sie das Gitter mit Klebestreifen über der äußeren Kästchenreihe auf dem Untergrund. Entsprechend der Vorlage die einzelnen Kästchen mit Farbe ausfüllen, dabei ersetzt das Gitter die Konturlinien. In der Vorlage entspricht ein Zeichen einer Farbe. Nach dem Trocknen trennen Sie das überstehende Gitter mit einer Schneidezange möglichst knappkantig an den Gitterkreuzen ab. Für das Aufhängeband an der oberen Mitte ein Drahtkästchen stehen lassen.

Weihnachtszeit ist noch immer Bastelzeit. Aber auch die Vorlieben für bestimmte Basteltechniken und Materialien wandeln sich im Laufe der Zeit. Dieses Kapitel möchte zeigen, dass Schmuck für den Christbaum nicht immer traditionell, mit Christbaumkugeln, Nüssen und Strohsternen, daherkommen muss, sondern auch ganz modern anmuten kann: Fertigen Sie Ihre eigenen filigranen Kreationen aus Silberdraht und Perlen.

Material & Werkzeug Perlen und Draht

Draht

Es wird versilberter Ketteldraht in drei verschiedenen Stärken verwendet:

- Stärke 0,4 mm ist ganz fein, lässt sich sehr leicht biegen und ist deshalb gut zum Umwickeln von stärkerem Draht und zum Aufziehen von Rocailles geeignet. Dieser Draht ist in einer Rolle von 20 m erhältlich.
- Stärke 0,6 mm wird am häufigsten verwendet. Der Draht ist dünn, lässt sich gut in Form biegen und eignet sich zum Aufziehen aller Perlen. Er wird in Rollen von 10 m angeboten.
- Stärke 0,8 mm ist bereits recht dick. Dieser Draht ist gut für einfache, strenge Formen geeignet. Er wird mit der Zange geformt und kann leicht gerade gebogen werden. Verkauft wird er in Rollen von 6 m.

Perlen

Perlen gibt es in unendlicher Auswahl an Formen und Farben. Für den hier vorgestellten Christbaumschmuck werden Ice-Perlen, Regenbogenperlen, Formperlen, einige Glasperlen, Stifte und Rocailles verwendet. Alle Perlen werden in Rollendöschen in verschiedenen Größen angeboten.

- Ice-Perlen sind in verschiedenen matt schimmernden Farben in 8 bzw. 10 mm ø erhältlich. Ihre Oberfläche ist etwas rau strukturiert, woraus sich ein kühler Perlmutt-Effekt ergibt.
- Regenbogenperlen haben einen Durchmesser von 6 bzw. 8 mm. Sie schimmern in Regenbogenfarben und sind durchsichtig. Man bekommt sie sowohl in farblos als auch in leuchtenden Farben.
- Formperlen haben den Farbton und den Glanz echter Perlen. Sie wirken durch ihre jeweilige Form, etwa Herz, Tropfen oder Raute.
- Stifte sind kleine, längliche Perlen. In 7 mm Länge sind sie in Silber, Gold und kräftigen Farben erhältlich. Goldene und silberne Stifte werden auch in 10 mm Länge angeboten. Sie glänzen brillant und eignen sich für feine Modelle. Einen besonderen Effekt haben gedrehte Stifte.
- Rocailles sind Mini-Perlen, die in sehr vielen, abgestuften Farbtönen angeboten werden. Sie eignen sich für feine Arbeiten.

Zangen

- Seitenschneider: zum Durchschneiden und Abknipsen von Draht.
- Rosenkranzzange: zum Formen von Kurven und Anfertigen von Ösen.
- Flachzange: zum Zusammendrücken übereinander angeordneter Drähte.

Lineal / Maßband

Zum Abmessen der Drahtlänge benötigt man ein Lineal oder ein Maßband.

Technik

Zuerst etwas Draht von der Rolle abwickeln und mit den Fingern gerade biegen. Wollen Sie aber beispielsweise Ringe oder Herzen formen, behalten Sie die Biegung des Drahtes bei.
Messen Sie nun die gewünschte Länge ab und durchtrennen Sie den Draht mit dem Seitenschneider. Schneiden Sie anfangs zur Sicherheit etwas mehr ab.
Bei fast allen Modellen wird zunächst eine Öse geformt, um zu verhindern, dass die Perlen vom Draht rutschen. Außerdem lassen sich so die fertigen Formen leichter schließen. Dazu das Drahtende zwischen die beiden Spitzen der Rosenkranzzange stecken, die Zange fest zusammendrücken und mit der Hand drehen. So ergibt sich eine Öse; so lange drehen, bis die Öse geschlossen ist. Kurven, Spitzen und Ecken werden ebenfalls mit der Rosenkranzzange geformt. Dabei den Draht wiederum in die Spitze der Zange stecken, die Zange zusammendrücken und den Draht leicht in die gewünschte Form biegen. Eventuell mit den Fingern nachhelfen. Auf die Drähte werden je nach Beschreibung Perlen aufgezogen. Zum Schließen der Formen das Drahtende durch die Öse am Anfang ziehen und um die Öse wickeln. Den überstehenden Draht mit dem Seitenschneider abknipsen oder aber einen Haken zum Aufhängen daraus formen.
Übereinander gelegte oder umwickelte Drähte können zusätzlich mit der Flachzange fest zusammengedrückt werden. Dazu die Drähte zwischen die Spitze der Zange stecken und die Zange fest zusammenpressen. So bekommt die Drahtform mehr Halt.

Engel

Material
Ketteldraht, 0,4 mm ø
20 Ice-Perlen, 8 mm ø
eine Ice-Perle, 10 mm ø
Rocailles weiß
Rosenkranzzange
Seitenschneider

Für einen Engel benötigt man zwei Drahtstücke von 60 cm Länge.
Die beiden Drähte zusammen durch eine Rocaille und eine große Ice-Perle stecken; 2 cm überstehen lassen. Einen dieser Drähte zum Haken, den anderen zur Öse biegen. Unterhalb der Perle die beiden Drähte erst miteinander verdrillen, dann nach rechts und links auseinander biegen. Danach rechts und links eine Kurve formen und beide Drahtenden durch vier Ice-Perlen ziehen.
Anschließend wiederum Kurven biegen und eine Reihe mit fünf, dann mit sechs und nochmals mit fünf Perlen aufziehen.
Nun den Engel umdrehen, die beiden Drähte bis zur Mitte nach oben biegen und miteinander verdrillen. Auf die beiden Drähte je ca. 70 weiße Rocailles aufziehen und mit den Fingern zwei Flügel formen. Die restlichen freien Drahtstücke miteinander verdrillen, um die Flügel zu befestigen. Die beiden Enden oben um den „Hals" legen, wieder zur Mitte zurückführen und befestigen.

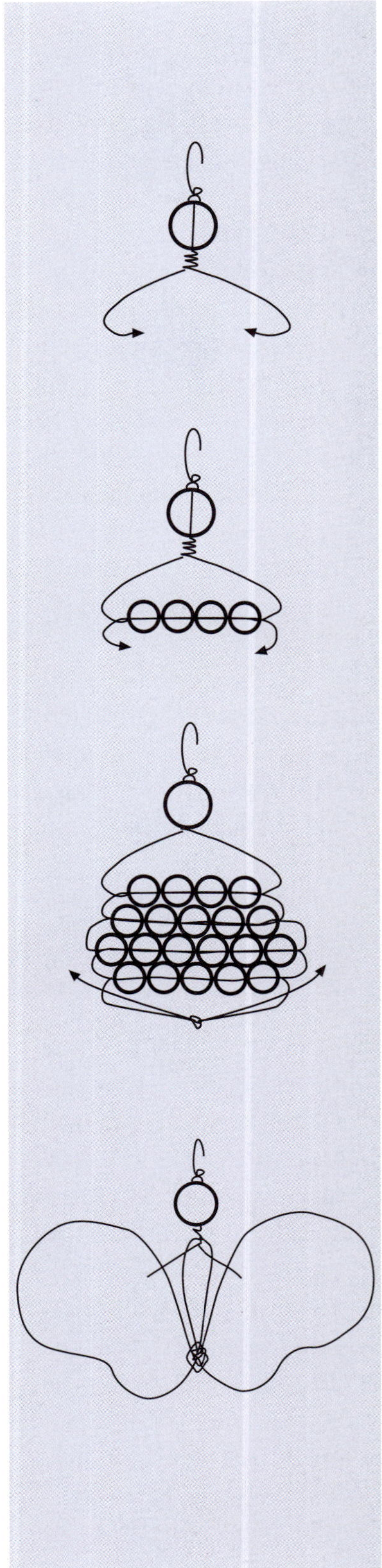

Kugelringe

Material
Ketteldraht, 0,6 mm ø
Ice-Perlen weiß, 8 und 10 mm ø
Rosenkranzzange
Seitenschneider

Vom Draht ca. 20 bis 30 cm, je nach Größe, für einen Ring abschneiden.

An einem Ende eine Öse drehen und eine Perle aufziehen. Vom anschließenden Stück Draht mit den Fingern zwei kleine Kurven biegen, die nicht gleichmäßig sein sollten. So wird die Perle gehalten und es entsteht ein lebendiger Effekt. Nach und nach Perlen aufziehen, Kurven biegen und einen Ring formen. Das Drahtende durch die Öse ziehen und Öse umwickeln.
Einen zweiten Ring auf diese Weise herstellen und rechtwinklig in den ersten hängen. Oben mit gewickeltem Draht zusammenfassen und das Ende zu einem Haken formen. Man kann aber auch später einen zusätzlichen Draht zum Aufhängen anbringen.

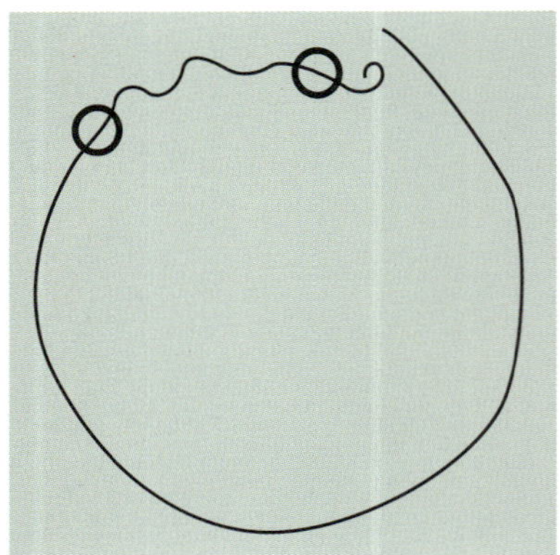

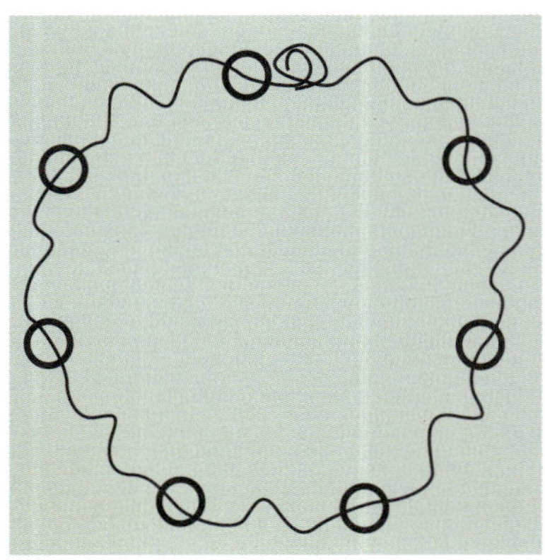

Päckchen, Äpfel und Herzen

Material
Ketteldraht, 0,6 mm ø
Rocailles rot, orange und gelb
Stifte blau, 7 mm Länge
Formperlen: Rauten, Herzen
Rosenkranzzange
Seitenschneider

Päckchen

Für ein Päckchen ca. 30 cm Draht abschneiden und an einem Ende eine Öse drehen. Nun sechs blaue Stifte aufziehen. Den Draht dann im rechten Winkel biegen und wiederum sechs Stifte auf den Draht stecken. Die weiteren Seiten auf diese Weise herstellen, das Drahtende durch die Öse ziehen, den Draht abschneiden und mit einer Öse das Päckchen schließen. Den restlichen Draht abschneiden, an der oberen Seite des Päckchens mittig befestigen und rote Rocailles aufziehen. Beide Enden mit rautenförmigen Formperlen schmücken und mit Ösen abschließen. Den Draht zur Schleife formen und mithilfe eines Drahts nochmals in der Mitte befestigen.

Äpfel

Für einen Apfel ca. 20 cm Draht abschneiden und ein Ende mit einer Öse versehen. Goldene oder orange Rocailles aufziehen und einige Zentimeter Draht frei lassen. Einen Kreis formen, den Draht durch die Öse ziehen und mit einer Öse befestigen. Auf den restlichen Draht Rocailles oder kleine Glasperlen ziehen, ein Blatt mit den Fingern formen und das Ende um die Ösen wickeln. Den Kreis zu einer Apfelform biegen.

Herzen

Für ein Herz, je nach Größe, ca. 25 cm Draht verwenden. Zuerst an einem Ende eine Öse drehen, rote Rocailles aufziehen und ca. 3 cm Draht frei lassen. Einen Kreis formen, den restlichen Draht um die Öse wickeln, sodass er in die Herzmitte ragt. Am unteren Ende mit einer Herz-Formperle schmücken, die durch eine Öse gehalten wird.

Glanzkugel

Material

Ketteldraht, 0,4 und 0,8 mm ø
ca. 35 Ice-Perlen weiß, 8 mm ø
ca. 35 Regenbogenperlen hellblau, 6 mm ø
Rosenkranzzange
Seitenschneider

Diese feierlichen Glanzkugeln entstehen wie folgt: Viermal ca. 35 cm lange Stücke Draht, 0,8 mm ø, abschneiden. Zwei Drähte über Kreuz legen und die Enden oben miteinander verdrillen. Die beiden anderen Drähte ebenfalls über Kreuz legen, in die Zwischenräume der anderen vier Drahtseiten legen und die Enden oben schließen. Die Drahtseiten eventuell zusätzlich mit den Händen in Kugelform biegen.

Dieses Gerüst wird nun mit quer laufenden Drähten und Perlen dekoriert. Oben beginnend an einem senkrechten Draht einen Ketteldraht, 0,4 mm ø, befestigen, eine Perle aufziehen, mit den Fingern oder der Zange kleine Kurven biegen und den Draht dann einmal um die nächste Senkrechte wickeln. Nun wieder eine Perle, dieses Mal in der anderen Farbe, aufziehen und so weiter verfahren. Auf diese Weise insgesamt sieben untereinander angeordnete, waagerechte Drähte spannen. In der mittleren Reihe werden jeweils drei Perlen eingeflochten.

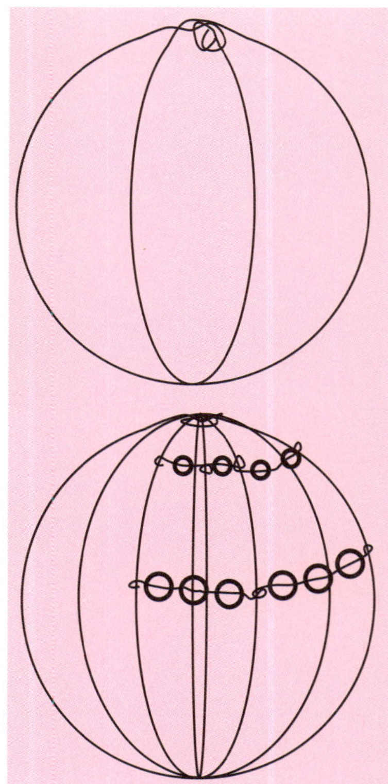

Ampeln

Material

Ketteldraht, 0,4 und 0,6 mm ø
Ice-Perlen weiß, 8 und 10 mm ø
Regenbogenperlen hellblau,
6 und 8 mm ø
Quetschperlen versilbert
Rosenkranzzange
Seitenschneider
Flachzange

Für die kleine Ampel viermal 15 cm und für die große Ampel viermal 20 cm Draht, 0,6 mm ø, abschneiden.
Die Drähte in der abgebildeten Form biegen. Nun je zwei Formen gegenüber legen und an einem Ende fest miteinander verdrillen. Nun werden alle vier zusammengelegt und am selben Ende mit Draht, 0,4 mm ø, fest umwickelt. Oben wird der Draht zum Haken gebogen, während das übrige Stück Draht zwischen den gebogenen Drähten hängen bleibt. Die Drähte so zurechtbiegen, dass sie rechtwinklig gegeneinander stehen.
Die Drähte werden nun mit Perlen geschmückt. Dazu jeweils eine Perle und eine Quetschperle darunter aufstecken. Die Quetschperle an der gewünschten Stelle mit der Flachzange zusammendrücken, sodass die Perle gehalten wird. Weitere Perlen in ungleichmäßigem Abstand anbringen. Auf das Stück Draht, das in der Mitte der Ampel hängt, noch zwei oder fünf Perlen aufziehen und durch eine Öse festhalten. Nun wird die Ampel unten geschlossen, indem die Drähte miteinander verdrillt werden.

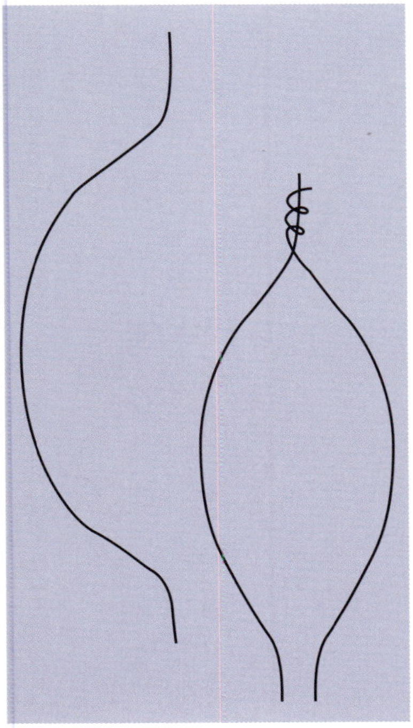

Ornamente

■ **Material**

Ketteldraht, 0,4 mm ø
Rocailles pinkfarben, hellgrün
Ice-Perlen hellviolett, hellgrün, 10 mm ø
Rosenkranzzange
Seitenschneider

Diese Ornamente gefallen besonders gut, wenn sie einfarbig gestaltet sind – zum Beispiel in Pink oder in Hellgrün. Eine schöne Wirkung ergibt sich, wenn die farblich unterschiedlichen Objekte an benachbarte Zweige gehängt werden.
Vom Draht zunächst ca. 40 cm abschneiden und an einer Seite eine Öse drehen. Den Draht etwas gerade biegen und Rocailles in der gewünschten Farbe aufziehen. Während der Arbeit den Perlendraht mithilfe der Rosenkranzzange der abgebildeten Form nach biegen. Wenn sich die Form schließt, den Draht durch die Öse stecken und weitere Perlen aufziehen. Innerhalb des Ornaments eine Kurve biegen, an deren Ende eine Ice-Perle aufgesteckt und mit einer Öse gehalten wird. Das Innenteil flach biegen oder plastisch aus der Form heraus stehen lassen.

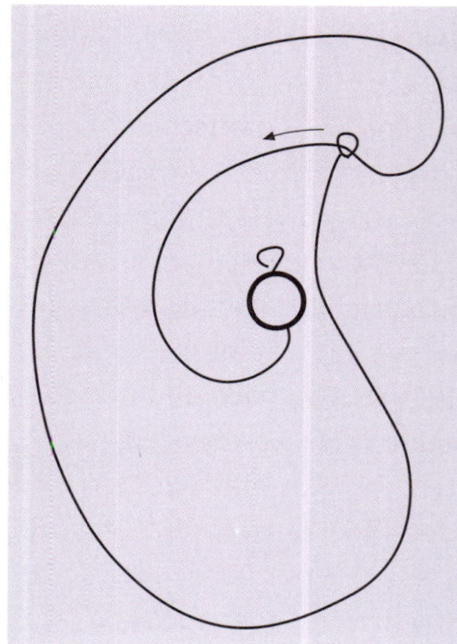

Eiszapfen

Material
Ketteldraht, 0,4 mm ø
Rocailles weiß glänzend
je eine Regenbogenperle farblos, 8 mm ø
Rosenkranzzange
Seitenschneider

Ein typisch winterlicher Schmuck für den Christbaum sind Eiszapfen aus weiß glänzenden Rocailles. Angebracht an Tannenzweigen, die mit Dekoschnee besprüht sind, erzeugen sie den Eindruck eines verschneiten Winterwaldes.
Je nach Größe und Länge eines Eiszapfens werden ca. 30 bis 50 cm Draht abgeschnitten. An einem Ende dreht man eine Öse. Nun werden nach und nach zahlreiche Rocailles aufgezogen, wobei gleichzeitig der Draht mit den Händen zu einer Spirale geformt wird. Dabei entstehen enge, lange oder auch breite Eiszapfen. Die beiden Enden gerade biegen.
Die Eiszapfen am unteren Ende mit einer farblosen Regenbogenperle abschließen. Dazu eine Perle auf ein kleines Stück Draht aufziehen und mit einer Öse halten. Das Drahtende an der Eiszapfenöse befestigen.

Glitzerherzen

Material

Ketteldraht, 0,4 und 0,8 mm ø
Ice-Perlen weiß, 8 mm ø
Glasperlen pink, 6 mm ø
Regenbogenperlen farblos, 6 mm ø
Rocailles silber
Glasperlen pink, 6 mm ø
Regenbogenperlen hellgrün, 6 mm ø
Rocailles pinkfarben
Rosenkranzzange
Seitenschneider

Silberweißes Herz

Ein ca. 27 cm langes Stück Draht, 0,8 mm ø, abschneiden und die Enden miteinander verdrillen. Einen Rest Draht als Haken stehen lassen. Den so entstandenen Kreis unten in der Mitte mit den Fingern spitz knicken. Die Seiten zu einer Herzform biegen.
Ein ca. 50 cm langes Stück Draht, 0,4 mm ø, abschneiden, das Ende oben um den Verschluss wickeln und dann in kleinen und größeren Abständen um den dickeren Draht schlingen. Dabei abwechselnd Ice-, Regenbogenperlen und Rocailles aufziehen. Das Drahtende oben durch Umwickeln befestigen.

Pinkgrünes Herz

Das Herz ist etwas größer und wird nach dem gleichen Prinzip hergestellt.
Es werden ca. 35 cm vom Draht, 0,8 mm ø, und 55 cm vom Draht, 0,4 mm ø, benötigt. Abwechselnd pinkfarbene und grüne Perlen und dazwischen pinkfarbene Rocailles aufziehen.

Kristalle

Material

Ketteldraht, 0,6 mm ø
Stifte silber, 7 oder 10 mm Länge
Stifte silber, gedreht, 7 mm Länge
Ice-Perlen weiß, 8 und 10 mm ø
Regenbogenperlen farblos, 6 mm ø
Glasperlen hellgrün, matt, 6 mm ø
Glasperlen hellviolett, 6 mm ø
Rosenkranzzange
Flachzange
Seitenschneider

Für jeden Stern jeweils drei Drähte gleicher Länge abschneiden. Für einen kleinen Stern ca. 10 cm (plus Zugabe), für einen großen Stern ca. 20 cm rechnen. Zuerst zwei Drähte glatt ziehen, übereinander legen und in der Mitte miteinander verdrillen.

Danach den dritten Draht ebenfalls in der Mitte befestigen. Die sechs Strahlen nun noch gleichmäßig anordnen und die Mitte mit der Flachzange festdrücken. Nun werden, in der Mitte beginnend, einfache oder gedrehte Stifte auf einen Strahl gesteckt, je nach Geschmack und Fantasie abwechselnd mit großen und kleinen Perlen in verschiedenen Farben. Perlen am Strahlenende mit einer Öse festhalten. Jetzt die übrigen Strahlen genau in der gleichen Reihenfolge mit Perlen bestücken, sodass sich Kristallformen ergeben.
Durch die unterschiedliche Länge der Strahlen und das jeweilige Platzieren der runden Perlen – entweder eher zur Mitte hin oder eher am Rand – entstehen mit jedem Stern wieder andere Formen.

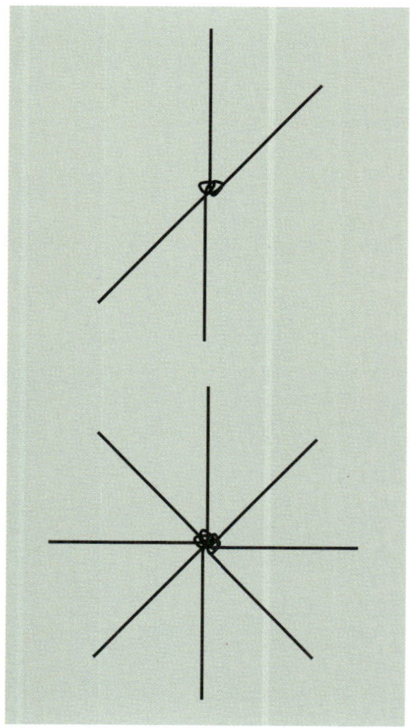

Wellensterne

Material

Ketteldraht, 0,6 mm ø
Regenbogenperlen hellgrün, 6 mm ø
Regenbogenperlen grün, 8 mm ø
Rosenkranzzange
Seitenschneider
Flachzange

Für einen Stern vier ca. 15 bis 20 cm lange Drähte abschneiden. Zunächst zwei Drähte glatt ziehen, über Kreuz legen und in der Mitte miteinander verdrillen. Nun den dritten und vierten Draht in die Zwischenräume legen, ebenfalls in der Mitte befestigen und mit der Flachzange zusammendrücken.
Die Strahlen mit den Fingern oder der Rosenkranzzange ein Stückchen wellenförmig biegen und eine hellgrüne Regenbogenperle, 6 mm ø, darauf stecken. Den übrigen Draht weiter kurvig biegen und am Ende eine grüne Regenbogenperle, 8 mm ø, aufsetzen. Die Strahlenenden mit einer Öse abschließen. Am Schluss eventuell alle Strahlen noch einmal zurechtbiegen, damit sich ein einheitliches Bild ergibt.

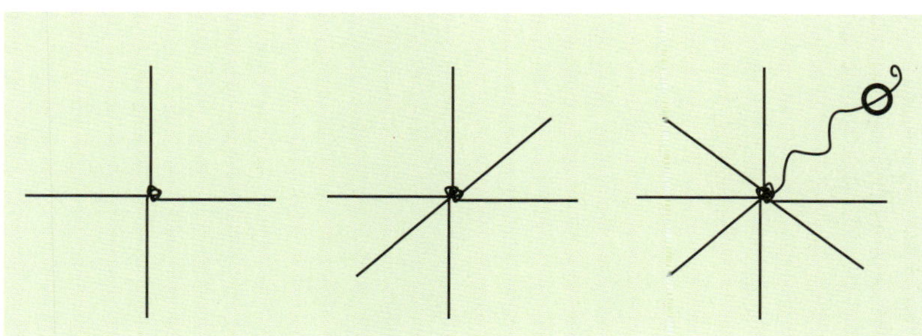

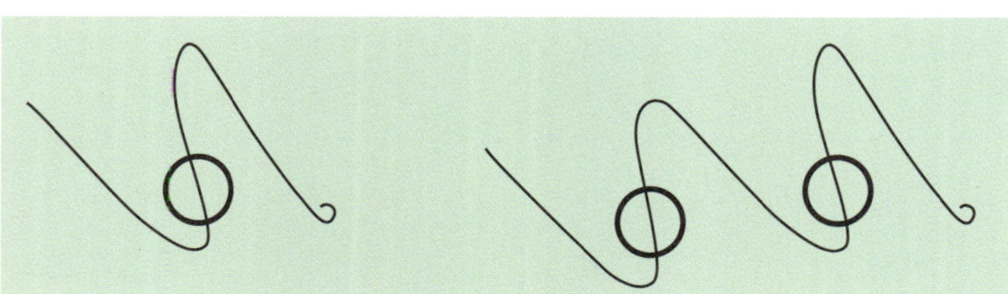

Konturensterne

Material

Ketteldraht, 0,8 mm ø
Ice-Perlen lindgrün, hellgrün, 10 mm ø
Regenbogenperlen lindgrün, 6 mm ø
Rosenkranzzange
Seitenschneider

Zwischen 15 cm Draht für einen winzigen Stern und 50 cm Draht für einen vielzackigen Stern zuschneiden. Ein Ende zu einer Öse drehen und den Draht nun nach und nach zickzackförmig biegen.
Für einen großen Stern zunächst ca. 3–4 cm abmessen, mit der Rosenkranzzange eine nach unten führende Zacke formen und eine Perle aufstecken. Im Abstand von 3–4 cm zu der entstandenen Spitze mit der Zange eine nach oben führende Zacke formen. Dadurch wird auch die Perle gehalten. Auf diese Weise den Draht weiter zackenförmig biegen und jeweils mit einer Perle versehen.
Die Zackenlinie zunächst rund zu einem Stern biegen, das Drahtende durch die Öse stecken und die Öse umwickeln. Etwas Draht für einen Haken übrig lassen.
Die Zacken abschließend gerade biegen und regelmäßig ausgleichen, damit eine schöne Sternform entsteht.

Sternenkette

■ Material

Ketteldraht, 0,4 mm ø
Stifte silber, 7 und 10 mm Länge
Ice-Perlen weiß, 10 mm ø
Rocailles farblos
Rosenkranzzange
Seitenschneider

Sterne

Für einen Stern benötigt man ca. 30 cm Draht. Zuerst an einem Ende eine Öse drehen. Dann eine Rocaille, sechs 7 mm lange Stifte und nochmals eine Rocaille aufziehen.
Anschließend eine Ecke biegen und wiederum eine Rocaille, sechs Stifte und eine Rocaille aufstecken. Wiederum den Draht umbiegen und so weiter; insgesamt fünf Mal durchführen. Zum Schluss die Stränge ineinander stecken (siehe Abbildung) und an der Öse zusammenfassen, sodass sich ein Stern ergibt.
Ein weiteres Stück Draht an der Öse befestigen, eine weiße Ice-Perle, 10 mm ø, in Höhe der Sternenmitte aufziehen und mit einer Öse halten.

Kette

Draht in gewünschter Länge zuschneiden und an einem Ende mit einer Öse versehen. Nun abwechselnd 10 mm lange Stifte und farblose Rocailles aufziehen. Nach fünf Stiftperlen einen Stern mithilfe der Öse an den Draht hängen und dann das Perlenaufziehen fortführen. So weiter verfahren, bis die Kette die gewünschte Länge hat. Entsprechend viele Sterne basteln.

Natürlich können die Abstände zwischen den Sternen auch größer gehalten oder auch andere Sterne auf die Kette gehängt werden.

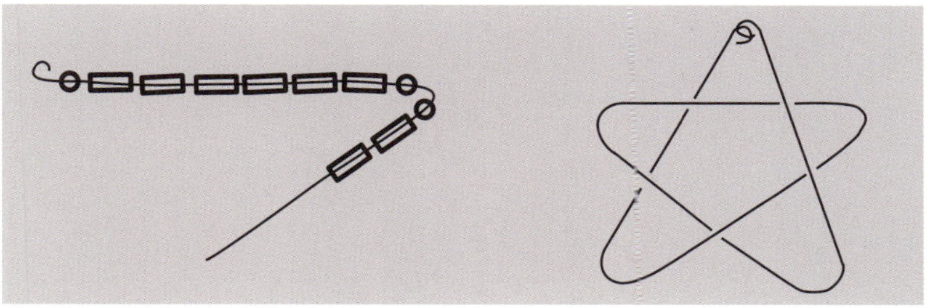

Silberfäden

Material

Ketteldraht, 0,4 mm ø
Stifte silber, 7 oder 10 mm Länge
Ice-Perlen weiß, 8 mm ø
Rosenkranzzange
Seitenschneider

Die hier gezeigten schlichten Silberfäden wirken sehr feierlich und erinnern an fließendes Wasser oder auch an Eiszapfen. Dieser Schmuck ist einfach und schnell anzufertigen und wirkt sehr schön, wenn viele Fäden nebeneinander hängen.
Ein Silberfaden ist ca. 20 cm lang. Für den Haken zum Aufhängen sollten Sie etwas mehr Draht abschneiden. Anschließend an einem Ende mit der Rosenkranzzange eine Öse drehen und eine weiße Ice-Perle aufziehen. Nun werden nur noch auf der ganzen Länge Silberstifte aneinander gereiht. Zum Schluss den Haken biegen.

Filigransterne

Material

Ketteldraht, 0,6 und 0,4 mm ø
Regenbogenperlen farblos,
6 und 8 mm ø
Glasperlen pink, 6 mm ø
Rosenkranzzange
Seitenschneider

Bei diesen Sternen wird zuerst eine Außenform gebogen, deren Innenteil anschließend geschmückt wird oder sogar einen Schweif bekommt.
Für die Sterne 40 – 45 cm vom Draht, 0,6 mm ø, abschneiden und gerade biegen. Den Draht nun ca. alle 3 cm zickzackförmig biegen, sodass sechs oder sieben Zacken entstehen. Nun mit den Händen den Zickzackdraht rund zu einer Sternform biegen. Die Drahtenden miteinander verdrillen und so den Stern schließen. Die Zacken zum Schluss mit der Hand in Form bringen.
Für die Innengestaltung einen Draht, 0,4 mm ø, am Stern befestigen, dafür ca. 50 cm vorsehen. Den Draht mit den Fingern zu kleinen Kurven oder Schlingen biegen und abwechselnd pinkfarbene und farblose Perlen aufstecken. Den Draht innerhalb des Sterns kreuz und quer von Zacke zu Zacke führen.
Für einen Schweif zusätzlich ein Stück Draht anbringen, das mit Perlen versehen und zwischen den einzelnen Perlen leicht kurvig gebogen ist.

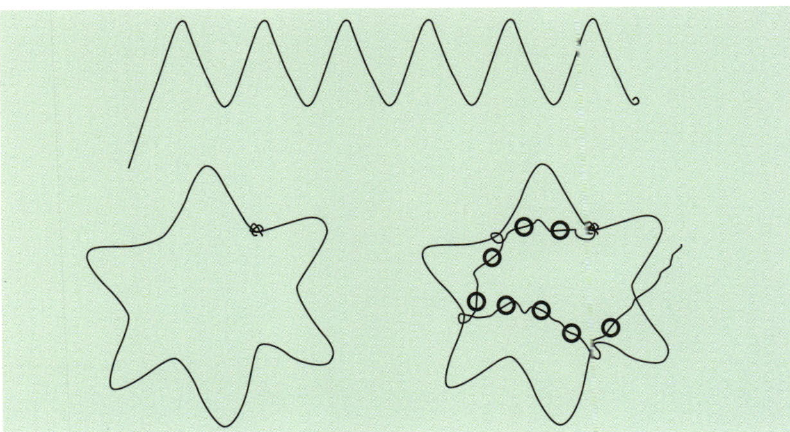

Tannenbaum

Material

Ketteldraht, 0,4 und 0,8 mm ø
Glasperlen pink, 8 mm ø
eine Ice-Perle hellgrün, 10 mm ø
Rosenkranzzange
Seitenschneider

Für diesen lichterbesetzten Tannenbaum ein ca. 90 cm langes Stück Draht, 0,8 mm ø, abschneiden und dann mit den Fingern in Form einer Tanne biegen. Dazu den Draht entweder frei nach dem Vorbild formen oder den Draht auf die zweifach vergrößerte Zeichnung legen und die Kontur danach gestalten. Die beiden Enden oben miteinander verdrillen, wobei ein Stück etwas übersteht und zum Haken gebogen wird. Zum Schmücken der Tanne ca. 1,20 m vom 0,4 mm ø Draht abschneiden und mit einem Ende fest um die Tannenspitze wickeln. Dann in engen und größeren Schlaufen um die Tannenform schlingen und dabei auf die größeren Schlingen pinkfarbene Perlen (ca. 45 Stück) aufziehen. Unten in der Mitte eine grüne Ice-Perle einflechten.
Abschließend den Draht am Aufhänger eng gewickelt befestigen.

Was wäre ein Geschenk ohne die entsprechende Verpackung! Die Kunst, kreativ und originell mit umweltfreundlichen Materialien zu verpacken, wird in diesem Kapitel anhand ausgewählter Beispiele gezeigt.

Lassen Sie sich von der Vielfalt der Ideen anstecken. Sie werden erleben, wie selbst außergewöhnliche Verpackungen verblüffend leicht mit geringem Materialaufwand und etwas Fantasie entstehen.

Geschenkpapier

Päckchen in selbst gestaltetem Papier geben dem Geschenk eine noch persönlichere Note. Vor allem Kindern macht das Schablonieren viel Spaß.

Material

Transparentpapier
Schablonenfolie (0,2 mm)
große Bogen Makulatur- und Packpapier
Acryl-/Bastelfarbe in Rot, Grün, Weiß
Klebeband
Schneidematte
Cutter
Plastikdeckel
Schwamm
grobes Spritzsieb
Zeitungspapier
Nagelbürste (Handbürste)

Tipps:
- Vorlage übertragen
- Eine Schürze schützt die Kleidung vor unliebsamen Spritzern.
- Beim Schablonieren immer nur senkrecht tupfen!

Die Vorlagen vom Vorlagenbogen auf Transparentpapier übertragen. Das Transparentpapier mit Klebestreifen auf der Rückseite der Folie befestigen. Auf der Schneidematte mit dem Cutter die Motive aus der Schablone schneiden (Abb. 1).

1

Für die Tannenbäume auf Makulaturpapier zuerst rote Farbe auf einen Deckel geben. Das Spritzsieb auf das Papier legen. Die Farbe mit dem Schwamm durch das Spritzsieb drücken, bis das Papier vollständig bedruckt ist. Die Farbe trocknen lassen (Abb. 2).

2

Dann die Tannenschablone auf das bedruckte Papier legen. Grüne Farbe auf einen Plastikdeckel geben und mit dem Schwamm die Tannen austupfen. Hierfür in der Mitte des Motivs beginnen. Nur senkrecht tupfen, nicht wischen! Sonst gelangt Farbe unter den Rand der Schablone. Die Schablone gut festhalten und immer senkrecht anheben (Abb. 3).
Für die Sterne auf blauem Packpapier die Sternschablonen auf das Papier legen. Um die Schablone Zeitungspapier als Spritzschutz auflegen. Weiße Farbe auf einen Plastikdeckel geben, die Handbürste leicht anfeuchten und die weiße Farbe aufnehmen. Dann die Bürste vom Körper weg über das Spritzsieb führen. Die Farbe trocknen lassen und die Schablone so oft verschieben, bis das Papier gleichmäßig mit gespritzten Sternen bedeckt ist (Abb. 4).

3

4

Nun die Sternschablonen für das Schablonieren der Sterne benutzen. Mit der weißen Farbe wie beim Schablonieren der Tannenbäume vorgehen (Abb. 5).

5

Faltschachteln

Diese Schachteln sind stimmungsvolle Verpackungen für die Advents- und Weihnachtszeit und geben ihren Inhalt nicht gleich preis.

Material
Papier nach Wahl:
Tonzeichenpapier in Blau und Rot, Strohseide
Schleifenbänder
Weihnachtliche Deko-Materialien
Lineal
Bleistift
Schere
Kleber

Tipp:
Faltschachteln für den Adventskalender sehen mit Glanzpapier besonders festlich aus. Schachteln mit Bändern und Naturmaterialien dekorieren.

Um die Größe des Faltpapiers festzulegen, braucht man die Maße der fertigen Schachtel. Bei 10 cm Seitenlänge wird ein 30 x 30 cm großes Papierquadrat benötigt. Für den Deckel wird ein Papier verwendet, das 1 cm größer ist, in diesem Fall 31 x 31 cm. Wird mit Origamipapier gearbeitet, dann wird für die innere Schachtel an zwei Seiten je 1 cm abgeschnitten.

Ein Diagonalkreuz falten (Abb. 1).

Die Ecken zur Mitte kniffen. Das Papier wieder öffnen (Abb. 2).

Im Inneren entsteht ein neues Quadrat (Abb. 3).

Die Ecken über die Mitte an das innere Quadrat falten (Abb. 4) und das Papier wieder öffnen.

Zwei gegenüber liegende Ecken umknicken und das Papier links und rechts neben diesen Ecken zwei Felder einschneiden (Abb. 5).

Die beiden anderen Ecken zweimal umlegen, zur Schachtelwand aufrichten und an den Einschnitten nach innen biegen (Abb. 6).
Diese Faltungen sorgfältig ausführen und die Kniffe kräftig drücken.

Die flach liegenden Ecken über die beiden losen Wandteile in das Schachtelinnere falten und mit etwas Kleber fixieren (Abb. 7).

Den Deckel nach den gleichen Schritten anfertigen.

Abb. 1
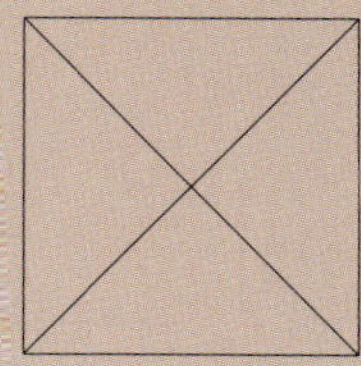

Abb. 2
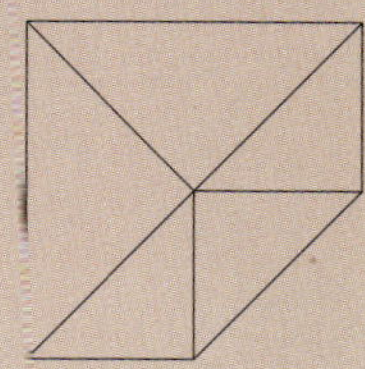

Abb. 3
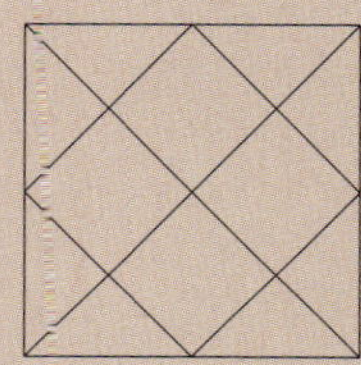

Abb. 4

Abb. 5
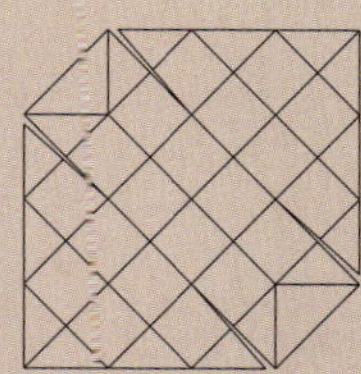

Abb. 6

Abb. 7

Schachtel mit Schnee-landschaft

Material
sechseckige Pappschachtel
Servietten mit Schneelandschaft
Acrylfarbe weiß, hellblau
Lineal, Bleistift
Schere
Spezialkleber, Pinsel

Die Pappschachtel innen und außen gut deckend mit weißer Acrylfarbe grundieren und trocknen lassen. Die Höhe und den halben Umfang der Schachtel abmessen und zwei Serviettenmotive entsprechend diesen Maßen zuschneiden. Die beiden unteren Papierlagen entfernen. Nun die Schachtel gleichmäßig mit Spezialkleber bestreichen und einen der beiden Serviettenausschnitte über drei Seitenwände hinweg auflegen. Das Papier mit dem Pinsel oder den Fingern von innen nach außen sanft ausstreichen. Dann den zweiten Serviettenausschnitt auf die verbliebene Fläche aufbringen.

Für den Deckel das Motiv in entsprechender Größe aus der Serviette ausschneiden und die beiden unteren Papierlagen ablösen. Das Motiv in der oben beschriebenen Weise auf den Deckel kleben. Nach dem Trocknen des Klebers die Schachtel nochmals mit Spezialkleber überstreichen und wiederum trocknen lassen.
Zuletzt die Innenfläche der Schachtel mit hellblauer Acrylfarbe bemalen.

Geschenkschachtel

Material
rechteckige Pappschachtel
Servietten mit Sternen und Kristallen
Acrylfarbe silber
Pinsel, Schere, Spezialkleber
Klar-/Mattlack

Die Pappschachtel zunächst mit silberner Acrylfarbe bemalen und gut trocknen lassen. Dann die Motive in der gewünschten Anzahl quadratisch ausschneiden und die beiden unteren Papierlagen entfernen. Den Deckel der Schachtel gleichmäßig mit Spezialkleber bestreichen und die Motive auflegen. Das Serviettenpapier wird mit dem Pinsel oder den Fingern von der Mitte zum Rand hin vorsichtig ausgestrichen. Nach dem Trocknen der Motive eine weitere Schicht Kleber auftragen und wiederum gut durchtrocknen lassen.
Zuletzt die Schachtel mit Lack versiegeln.

Tragetaschen und Falttüten

Tragetaschen und Falttüten sind ideale Verpackungen, da sie vielseitig eingesetzt werden können für beliebige Größen und Formen des Verpackungsguts. Alle möglichen Papiere können hierbei Verwendung finden. Mit einer selbst gefalteten Tasche, wie zum Beispiel aus handgeschöpftem Papier, liegen Sie in jedem Fall voll im Trend.

Für eine kleine Tragetasche benötigen Sie einen Bogen handgeschöpftes Papier in der Größe DIN A4. Die Rückseite wird mit normalem Papier oder auch Seidenpapier verstärkt, das später die Innenseite der Tasche wird. Den oberen Rand 2 cm umschlagen und festkleben. Das Papier über eine feste Form falten. Geeignet dafür sind einfache Schachteln, Bücher oder Holzklötze (Abb. 1).

1

Kleben Sie zuerst die beiden Längsseiten zusammen. Nun den Boden falten. Den Papierüberstand zuerst flach über die untere Kante ziehen, dabei entstehen abgewinkelte Seitenteile. Diese an den Ecken bündig nach innen knicken,die Spitze nach oben falten und festkleben (Abb. 2).

2

Mit einem festen Gegenstand oder einem Falzbein alle Kanten nachfalzen und die Form herausnehmen. Die Seitenteile werden wie bei einer Tüte eingeknickt und nochmals gefalzt. Zum Tragen noch Bänder anbringen (Abb. 3).

3

Weihnachten Grün – Rot

Material
Natronkraftpapier doppelfarbig, grün-rot
Wellpappe gold
Motivlocher
Stroh
getrocknete Orangenscheibe
Seidenkordel grün
2 Holzsterne vergoldet
Heißkleberpistole

Verpacken Sie Geschenke mit doppelfarbigem Natronkraftpapier in den traditionellen Weihnachtsfarben grün-rot. Mit dem Motivlocher Sterne ausstanzen und versetzt wieder aufkleben. Als Blickfang eine Riesenschleife aus Stroh mit getrockneter Orangenscheibe aufkleben.

Tipp:
Stroh vor dem Gestalten in Wasser legen.

Eine andere Möglichkeit ist, Wellpappe in einer Kontrastfarbe als Manschette über die Verpackung zu ziehen. Mit dicker grüner Seidenkordel das Geschenk verschnüren. An den Enden zwei vergoldete Holzsterne mit Heißkleber befestigen (Abb. rechte Seite).

Potpourri

Material
Wellpappe rot
Cutter
Folie durchsichtig
Duftpotpourri
Goldkordel
Acrylfarbe gold
Pinsel

Duft aus der Verpackung. Aus Wellpappe das Etui anfertigen (s. Vorlagenbogen). Stern oder Mond auf der Innenseite der Verpackung aufzeichnen und mit einer scharfen Klinge ausschneiden. Den Ausschnitt mit durchsichtiger Folie oder Cellophan bekleben. Nun das Etui mit Duftpotpourri füllen. Kleine Einstiche in der Folie lassen den Duft besser nach außen dringen. Die ausgeschnittenen Motive golden färben und mit einer Goldkordel auf der Verpackung anbringen (Abb. linke Seite).

Paketanhänger

Material

Fotokarton weiß
Servietten mit Kerzen, Tannen und Weihnachtssternen
Lineal
Bleistift
Bastelmesser
Schere
Spezialkleber
Pinsel
Acrylfarbe gold
Locher
Goldkordel

Mit dem Bastelmesser Rechtecke in der gewünschten Größe und Anzahl aus dem Fotokarton ausschneiden. Entlang der senkrechten Mittelachse eine Linie ziehen (siehe Zeichnung) und diese leicht mit dem Bastelmesser einritzen. Dann die Rechtecke entlang der Linie falten. Nun die Motive in passender Größe aus den Servietten ausschneiden und die beiden unteren Papierlagen entfernen. Die Vorderseiten der Anhänger gleichmäßig mit Spezialkleber bestreichen und die Motive auflegen. Das Serviettenpapier wird mit den Fingern oder dem Pinsel von innen nach außen behutsam ausgestrichen. Nach dem Trocknen die Motive nochmals mit Spezialkleber überstreichen und wiederum trocknen lassen. Anschließend können die Paketanhänger dem Motiv entsprechend zurechtgeschnitten werden, sodass z. B. der Sternenschweif oder das Kerzenlicht über den Rand hinausragen (siehe Zeichnung).
An der linken oberen Ecke der Anhänger mit dem Locher ein Loch einstanzen. Ein Stück Goldkordel durchziehen und mit einem Knoten fixieren.

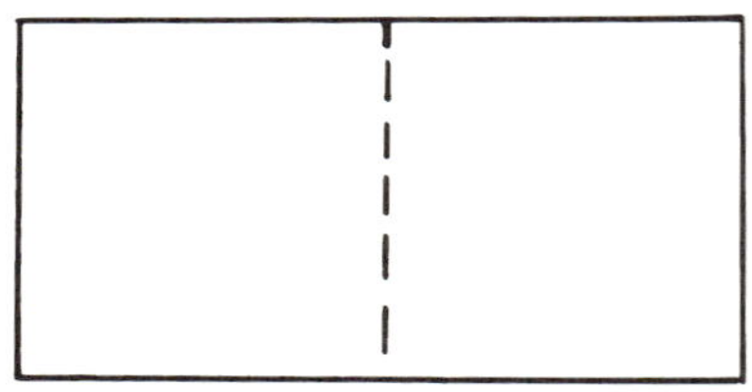

Geschenktaschen

■ Material

Geschenktaschen in verschiedenen Farben
Servietten mit Tannenbäumen, Weihnachtsmännern und Rentieren
Schere
Spezialkleber
Pinsel

Schneiden Sie zunächst die Motive in der gewünschten Anzahl aus den Servietten aus und entfernen Sie die beiden unteren Papierlagen. Sie können einen einzelnen Serviettenausschnitt auf eine Tasche kleben oder diese mit vielen kleineren Motiven dekorieren. Wenn Sie mehrere Motive auf eine Tasche aufbringen möchten, sollten Sie sie vor dem Aufkleben probeweise auf dem Untergrund anordnen. Dann die Geschenktaschen gleichmäßig mit Spezialkleber bestreichen und die Motive auflegen. Das Serviettenpapier wird mit dem Pinsel oder den Fingern von der Mitte zum Rand hin sanft ausgestrichen.
Nach dem Trocknen der Motive eine weitere Schicht Spezialkleber auftragen.

Schlichte Verpackungen mit Naturmaterialien sind „in". Für das Weihnachtspäckchen darf allerdings auch ein bisschen Goldglanz und Glimmer verwendet werden.

Einfach und edel

■ **Material**

Naturpapier gelb, weiß
Strohseide
Wellpappe gold
Holzsterne natur, vergoldet
Strohstern
Kordeln
Zimtstangen
Mispelzweige

Das Geschenk in Strohseide oder Packpapier einschlagen (Abb. rechts). Mit einer Goldkordel umwickeln, Mispelzweige dazwischenstecken und Sterne aus Holz, Stroh oder Pappe anhängen oder festkleben. Etwas Goldhaar verzaubert das Päckchen.

Kleine Schatullen

■ **Material**

W-Wellpappe gold
Geschenkband blau-gold
Goldkordel
Stempel
Schere

Aus „W-Wellpappe" mit Spezialeffekt, einem neuen Material, können kleine Schatullen für Schmuck oder andere kleine Präsente gefaltet werden. Die interessante Wirkung dieser Verpackungen kommt durch die tiefe und geschwungene Wellenführung des Materials. Besonders edel wirken die Geschenkanhänger mit aufgestempeltem Monogramm auf einfachem Untergrund (Abb. unten).

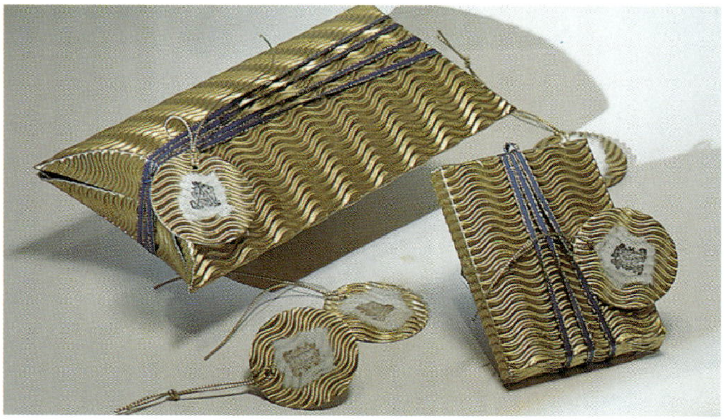

Mit Glanz und Gloria

Material

Plissiertes Papier
Glitterband gold
Wellpappe gold
Engel in Gold
breites Stoffband
Efeuranke

Ein plissiertes Papier, ursprünglich als Zwischenlage für plissierten Stoff genutzt, wurde für diese Verpackung wiederverwendet (Abb. links).
Um das Mittelteil der Verpackung zuerst ein breites Glitterband legen und auf der Rückseite befestigen, dann goldene Wellpappestreifen kreuzförmig anlegen. Einen goldenen Engel, der in einer Gießform hergestellt wurde, mit einer üppigen Flügelschleife im oberen Drittel platzieren und mit Heißkleber befestigen. Zusätzlich noch mit Efeuranken und Goldsternen schmücken.

Sternstunden

Material

3D-Umweltpapier
Rebstern
Schleife
kleine Päckchen in Gold
Stoffsterne
Golddraht
Goldhaar

Ein großes Paket mit 3D-Umweltpapier in Rot/Gold verpacken. Den aus Rebzweigen geflochtenen Stern (in Dekogeschäften erhältlich) in Gold einfärben und auf dem Geschenk mit dünnem Golddraht befestigen. Nun noch Goldschleifen und Goldpäckchen aufkleben und zum Schluss Goldhaar über das Sterngeflecht verteilen (Abb. rechts). Interessant wirkt hier die asymmetrische Anordnung der Schleifen und kleinen Päckchen.

Kleinere Geschenke können mit 3D-Papier in Grün/Gold verpackt und mit genähten Stoffsternen und Goldschleife verziert werden.

Die Deutsche Bibliothek – CIP-Einheitsaufnahme
Ein Titeldatensatz für diese Publikation ist bei Der Deutschen Bibliothek erhältlich.
ISBN 3-332-01373-4

www.dornier-verlage.de
www.urania.de

1. Auflage August 2002

Der Urania Verlag ist ein Unternehmen der Verlagsgruppe Dornier.

Umschlaggestaltung: Behrend & Buchholz, Hamburg
Fotos: Oliver d'Huissier (S. 5-13, S. 48-57, S. 110-112, S. 124-143, S. 148-149, S. 154-155)
Markus Hertrich (S. 2-3, S. 14-25, S. 58-64)
Foto Hunger, Mitwitz (S. 26-37)
Sabine Münch, Barbara und Rudolf Henkel (S. 38-47)
Sabine Münch (S. 65-77, S. 90-93, S. 94-109, S. 113-122)
Heidi Hintereck (S. 78-83, S. 123)
Barbara Müller (S. 84-85, S. 144-147)
Annette Hempfling (S. 86-89)
Václav Reischl (S. 150-153, S. 156-159)
Modelle: Christel Claudius (S. 5-13, S. 48-57, S. 110-112, S. 124-143, S. 148-149, S. 154-155)
Susanne Helmold (S. 2-3, S. 14-25, S. 58-64)
Sabine Eckert (S. 26-37)
Barbara und Rudolf Henkel (S. 38-47)
Malte Dose/Martina Haak (S. 94-109)
Michael Platz (S. 65-77)
Irene Fackler (S. 78-83, S. 123)
Marion Weber/Jutta Rintelen (S. 84-85, S. 144-147)
Renate Weinberger/Renate Holzner (S. 86-89)
Ursula Barff/Marion Weber (S. 90-93)
Marion Kühnaß (S. 113-122)
Traudel Hartel (S. 150-153, S. 156-159)
Zeichnungen (Ausführung): Nomade-Design, Martin Schulze; Jana Holeschovsky
Satz: City Repro, Berlin
Gesamtherstellung: Urania Verlag, Berlin
Printed in Slovakia

Gedruckt auf alterungsbeständigem Papier mit chlorfrei gebleichtem Zellstoff

Die Schreibweise entspricht den Regeln der neuen Rechtschreibung.